ca

100 MANERAS DE CRIAR HIJOS FELICES

Timothy J. Sharp

Diseño de portada: Ramón Navarro / Estudio Navarro
Diseño de interiores: Mónica Alejandra Díaz Robles

Título original: *100 Ways to Happy Children*

© 2009, Timothy J. Sharp

Traducido por: Graciela Nachieli Romero Saldaña

Publicado por primera vez por Penguin Group Australia.
Esta edición es publicada por acuerdo con Penguin Random
House Australia Pty Ltd.

Derechos reservados

© 2018, Editorial Planeta Mexicana, S.A. de C.V.
Bajo el sello editorial DIANA M.R.
Avenida Presidente Masarik núm. 111, Piso 2
Colonia Polanco V Sección
Delegación Miguel Hidalgo
C.P. 11560, Ciudad de México
www.planetadelibros.com.mx

Primera edición en formato epub: julio de 2018
ISBN: 978-607-07-5021-2

Primera edición impresa en México: julio de 2018
ISBN: 978-607-07-4989-6

Impreso en los talleres de EDAMSA Impresiones, S.A. de C.V.
Av. Hidalgo núm. 111, Col.San Nicolás Tolentino, Ciudad de México
Impreso en México– Printed in Mexico

Índice

Sección dos

Sección tres

Sección cuatro
20 maneras de hacer que el aprendizaje sea
seguro y divertido **115**

Este libro está dedicado a mi familia, que amo y me ama: a mi maravillosa esposa Marnie, y a mis hijos Tali y Coby, que son mi inspiración. Este libro nació gracias a ellos y está escrito para ellos, que me motivan constantemente a buscar la felicidad y a hacer todo lo posible para mejorar la suya, que es lo que me mueve diariamente.

Introducción

Permíteme hacerte una pregunta que es tan sencilla como importante: ¿preferirías que tu hijo viviera una vida sin problemas o una gran vida? Este libro se trata de buscar la felicidad de tu hijo de forma activa y apasionada, no de simplemente minimizar sus problemas. Se trata de ayudar a tu hijo, y a ti, a tener una gran vida.

Además de ser padre de dos hijos, soy psicólogo. La mayor parte de este libro está basada en los principios de la psicología positiva, que frecuentemente es llamada «la ciencia de la felicidad».

Durante gran parte de su historia, la psicología se ha encargado de los problemas de la gente, enfocándose en identificar y tratar los traumas psicológicos, así como en arreglar problemas conductuales graves. En las últimas décadas, la psicología positiva ha surgido como una forma de maximizar las partes de nosotros que funcionan bien, incrementando nuestros niveles de optimismo e identificando y utilizando nuestras fortalezas para crecer.

Aplicada a la crianza, la psicología positiva sugiere que trabajemos con nuestros hijos para construir fortalezas internas y ayudarlos a ver su mundo de una manera más optimista. La meta es establecer una base psicológica sólida desde el inicio, en vez de esperar la aparición de un problema o conflicto serio. La psicología positiva es la cerca que construimos en la cima de la colina para evitar que nuestros hijos se caigan y no la ambulancia que enviamos para recogerlos.

Entonces, como padres, ¿cómo podemos construir esta «cerca» para nuestros hijos? Para empezar, necesitamos convertirnos en buenos modelos a seguir. La verdad más básica de las dinámicas de la vida familiar es que los niños aprenden a funcionar en este mundo observando a sus padres. Si los padres tienen miedo y son negativos, el hijo aprenderá que el mundo es un lugar difícil y peligroso; si los padres son positivos, sanos y felices, el niño aprenderá que la vida es algo que debe disfrutarse y apreciarse. La sección uno de este libro ofrece información específica sobre cómo puedes reorganizar tus prioridades, manejar mejor tus relaciones, mejorar tus niveles de optimismo y construir tus fortalezas, todo con el objetivo de crear una base fuerte para una vida familiar e hijos felices.

Las otras cuatro secciones se enfocan en aspectos de la vida y experiencias de tu hijo, además de que ofrecen estrategias específicas sobre cómo ayudarlo a replantearse su visión de la vida y reforzar aquello que le funciona personalmente. La sección dos, que trata sobre el carácter, aborda el manejo de los pensamientos negativos, la identificación de las fortalezas, el desarrollo de la decencia, la construcción de la resiliencia y cómo plantear metas. La sección tres aborda la disciplina positiva y los límites. La sección cuatro presenta cómo puedes trabajar con tu hijo para hacer que sus años de aprendizaje sean tan positivos y productivos como sea posible. La sección cinco explora cómo la buena salud física impulsa el bienestar y el crecimiento emocional.

Este libro fue escrito pensando en los padres ocupados, que en estos tiempos somos la mayoría. Mi libro anterior, *100 Ways to Happiness: A Guide for Busy People*, recibió muchos comentarios positivos por su formato: cien capítulos breves y prácticos que pueden digerirse fácilmente en minutos y no requieren gran conocimiento de teoría psicológica ni dejan mucha «tarea» que le quite tiempo al lector. Este libro está escrito en el mismo estilo. Te invita a tomarlo y dejarlo, según el tiempo te lo permita, aunque, claro, puedes leerlo de principio a fin. La mayoría de los capítulos tiene un breve ejercicio o una meta, lo cual te permitirá llevar la lectura a la práctica. Estos ejercicios pueden ser tan simples como:

✿ Felicitar a tu hijo por un logro específico.
✿ Comer juntos regularmente.
✿ Hablar con tu hijo para ayudarlo en una experiencia negativa.
✿ Leer una historia positiva.
✿ Designar un tiempo simplemente para «pasar el rato».
Poner un horario específico para irse a la cama.

Practicar las distintas actividades te permitirá ayudar a tus hijos a construir un «portafolio» de experiencias positivas, lo cual a su vez los impulsará a alejarse de las creencias limitantes y la mentalidad negativa. Por lo general, este acercamiento paso a paso es suficiente para recalibrar la dinámica familiar y crear un ambiente más feliz en el hogar. Obviamente, si hay problemas más intrincados, los padres deben buscar ayuda extra. La sección de recursos recomendados de la página 177 te ofrece una lista de contactos útiles y más lecturas.

A veces lo único que saben los padres es que no hay dos niños exactamente iguales. No son páginas en blanco, sino individuos con sus propias personalidades, gustos, aversiones y una visión del mundo ya establecida. Algunos niños simplemente nacen felices y optimistas, mientras que otros a veces son felices y otras tempestuosos. Es importante señalar que la psicología positiva no sugiere que la gente debería ser feliz todo el tiempo. Más bien, reconoce que los humanos son seres sociales y emocionales y que es perfectamente normal que experimenten toda la gama de emociones. Las emociones negativas, como la molestia, la angustia y la frustración, y las emociones positivas, como la felicidad, la alegría y el entusiasmo, son parte de la vida diaria de nuestros hijos y también de la nuestra.

Aunque gracias a los estudios y la experiencia sabemos que algunas personas son naturalmente más felices y optimistas que otras, también sabemos que «el optimismo es algo que puede aprenderse». Enseñarle a un niño a convertirse en un optimista no se trata de moldearlo hacia un ideal de perfección. No es ingeniería social ni una invitación para que los niños eviten las duras realidades del mundo en el que vivimos. Pensar de manera optimista no es lo mismo que simplemente ver el mundo con lentes color rosa; se trata de tener una imagen realista del mundo en el que vivimos, con todo y sus fallas, para estar preparado para vivir en ese mundo con esperanza, valor y compromiso. Cuando somos optimistas, nos sentimos motivados a enfrentar los retos complicados que nos ayudan a aprender y crecer; nos sentimos inspirados para trabajar con nuestras fortalezas, utilizar nuestras habilidades y emplear nuestras capacidades críticas al máximo. Nos sentimos más inclinados a ayudar a otros y a conectar más profundamente con aquellos que amamos.

100 maneras de criar hijos felices no sólo es algo con lo que soñé una noche; está lleno de sugerencias y estrategias basadas en investigación científica seria. Con esto en mente, puedo decir con seguridad que el «programa de la felicidad» que se describe en las siguientes páginas funciona de verdad. Estoy seguro de esto gracias a los resultados de incontables estudios de todo el mundo, a la evidencia de miles de mis clientes y, sobre todo, a que he visto que funciona en mi propia familia y en mis hijos felices. Así que sigue leyendo y encuentra en estas cien maneras el camino hacia la felicidad para tus hijos y para ti.

20 maneras de establecer las bases familiares

Esta sección se trata más de ti que de tus hijos, pero cualquier padre sabe instintivamente que su estado de ánimo afecta profundamente el estado de ánimo de sus hijos, desde bebés hasta adolescentes. Los siguientes 20 capítulos te ofrecen un rápido viaje por los principios de la psicología positiva, así como por métodos confiables y probados para incrementar tu propia felicidad. Muchos de los ejemplos se relacionan con la crianza, pero algunos te pedirán que detengas por un momento este importante trabajo y te enfoques en ti como persona. Los niveles de felicidad están, al menos en parte, determinados por la genética; sí: la felicidad es algo hereditario. Pero ningún hijo es o aprende a ser feliz en el vacío, sino que buscan ejemplo e inspiración en mamá y papá. Los padres felices generan hijos felices.

1. La felicidad es...

¿Qué hace feliz a una persona? ¿Qué hace feliz a un adulto y qué hace feliz a un niño? Las respuestas a estas preguntas son complejas, variadas y distintas para cada persona y para cada familia, pero en general creo que la siguiente lista contiene las cualidades más significativas que contribuyen a la felicidad:

- ✩ Tener una idea clara de tu propósito y razón de ser en la vida.
- ✩ Ser activo y saludable.
- ✩ Tener relaciones profundas.
- ✩ Conocer tus fortalezas y aprovecharlas al máximo.
- ✩ Vivir en el presente en vez de obsesionarte con el pasado o preocuparte por el futuro.
- ✩ Apreciar lo que tienes en lugar de enfocarte en lo que no y en lo que crees que necesitas.

La felicidad es algo que elegimos. Cada día tomamos decisiones, desde dónde vamos a comer hasta cómo vamos a responder a una situación en particular, y lo que determina nuestra felicidad es la naturaleza y calidad de dichas elecciones. No hay nada místico o mágico respecto a la felicidad; es algo que creamos a través de la manera en que enfrentamos el mundo día con día.

Digo que la felicidad es algo que «elegimos» (**choose**, en inglés), y seleccioné cuidadosamente la palabra, pues cada letra del término en inglés se relaciona con las seis estrategias clave para alcanzar la felicidad. Necesitarás conocer con claridad (**c**larity) tu razón de ser y tus metas en la vida; buena salud (**h**ealth); optimismo (**o**ptimism), es decir, una visión más positiva y realista de ti mismo, de tu futuro y del mundo; tener presentes a los demás (**o**thers) y la forma en que te relacionas con ellos; enfocarte en tus fortalezas (**s**trenghts), y, por último pero no menos importante, deberás disfrutar (**e**njoy) el momento.

Este enfoque de trabajo personal con vistas al futuro es uno de los aspectos más emocionantes de la psicología positiva. Aunque se fundamenta en la teoría y la práctica científica basada en la evidencia, en esencia lo que esta propuesta dice es: «A ver, todos tenemos defectos y podemos mejorar en ciertas áreas, pero también tenemos fortalezas y cualidades; cuanto más las usemos, más felices, exitosos y mejores seremos».

Las personas felices, ya sean adultos o niños, son mejores que las deprimidas o infelices para identificar y utilizar sus fortalezas, además de que se preocupan menos por sus debilidades. No desconocen sus defectos, pero los manejan de manera que no interfieran con su éxito y su felicidad. También se recuperan rápidamente de circunstancias difíciles y sacan el mayor provecho posible de aquello en lo que son realmente buenos.

2. La felicidad no es...

Hay muchos mitos y malentendidos sobre la felicidad, los cuales suelen provocar que las personas la busquen en lugares equivocados. Creo que el problema comienza por las definiciones y expectativas inapropiadas que mucha gente tiene respecto a ella.

Un mensaje de vital importancia que debes comunicarle a tu hijo es que la felicidad es mucho más que vivir una vida de placeres y disfrutar las alegrías momentáneas. La gratificación instantánea y el consumismo rampante no necesariamente conllevan emociones positivas duraderas. La felicidad no se relaciona directamente con:

☆ La inteligencia.
☆ La apariencia física.
☆ La riqueza o el nivel económico (siempre y cuando no estés en dificultades financieras extremas).
☆ El número o tipo de juguetes u objetos que posees.

El psicólogo Leaf Van Boven encuestó a personas de distintos lugares y procedencias sobre sus actividades y compras; así, descubrió que en general la gente es más feliz cuando gasta dinero en experiencias de vida en vez de gastarlo en posesiones materiales. El ánimo de las personas se elevaba al recordar experiencias en lugar de objetos, incluso si la experiencia no les pareció tan buena en su momento. En cierta manera, los recuerdos van mejorando con el tiempo, mientras que los objetos se deprecian.

Pregúntate:

☆ ¿Qué cosas podríamos usar para tener más y mejores experiencias?
☆ ¿Le sacamos todo el provecho a nuestro vehículo para explorar nuevos lugares?
☆ ¿Usamos suficiente nuestras bicicletas?
☆ ¿Hay mejores maneras de utilizar los juguetes a fin de disfrutar más?

23

3. Las acciones hablan más fuerte que las palabras

Los niños aprenden a través de la observación: te ven y luego te copian. Por lo tanto, debemos ser las personas en las que queremos que se conviertan nuestros hijos. Esto se llama «modelado».

El modelado es una de las maneras más poderosas de aprendizaje y, como padres, somos el modelo a seguir de nuestros hijos. Obviamente hay otros, tales como maestros y abuelos, pero el aprendizaje inicia en casa. En pocas palabras, al ser felices modelamos conductas felices para nuestros hijos.

La buena noticia es que podemos usar esto para nuestro beneficio. Si tu hijo ve que sales a caminar diariamente, lo considerará algo natural que hay que hacer; si te ve comer frutas y verduras en vez de chocolates y galletas, le parecerá algo normal, y si te ve alegre y riendo, eso también será una parte natural de la vida para él.

Olvida ese dicho de «haz lo que digo y no lo que hago»; es una pérdida de tiempo. Las acciones hablan más fuerte que las palabras. Tu hijo copiará lo que haces mucho más que lo que dices. ¡Muchos ya deben saber esto por experiencia!

Gillian está criando sola a su hijo de 13 años, quien es un chico feliz, sensato, sociable, que practica mucho deporte, tiene un amplio círculo de amigos y se enfoca en disfrutar la vida. Gillian siempre ha creído en las recompensas en vez del castigo y anima a su hijo a tener sus propias opiniones y negociar los límites que ella le plantea. Gillian volvió a estudiar cuando su hijo era un bebé y ahora está a punto de terminar su maestría en Psicología Clínica. Su hijo está emocionado y orgulloso de ella; puede ver cómo la dedicación y la persistencia traen recompensas.

4. Discute y define los valores familiares

Tus valores destacan las cosas que más te importan y te ayudan a determinar la manera en la que quieres vivir tu vida ahora y en el futuro; dan forma a tus creencias sobre lo que está mal y lo que está bien, lo que es importante y lo que no, en lo que quieres enfocarte y lo que deberías ignorar. Estos valores son influencia y motor de las metas en la vida, así que son cruciales para motivarte a hacer lo que tengas que hacer para vivir una vida exitosa y feliz.

Para algunas personas, las respuestas a estas preguntas de valores estarán movidas por creencias religiosas o culturales; para otras, serán cosas más mundanas. En cualquier caso, la meta es determinar lo que importa para tu familia y, por tanto, lo que será reforzado y recompensado.

Para empezar, mira esta lista de lo que muchas familias consideran importante:

- ✩ Familia y relaciones
- ✩ Cuidar y compartir
- ✩ Salud y felicidad
- ✩ Diligencia y perseverancia
- ✩ Creatividad e innovación
- ✩ Aprendizaje y educación
- ✩ Política y ambiente
- ✩ La búsqueda de la excelencia
- ✩ Espiritualidad y fe

Tómate un tiempo, con toda la familia presente, para revisar esta lista y agregar o modificar según les convenga. Permite que todos contribuyan y usa un lenguaje apropiado (palabras que sean significativas para ti y para tus hijos). Recuerda: los chicos nunca son demasiado jóvenes para aprender a distinguir el bien del mal, así que más vale que te asegures de que están aprendiendo lo que quieres que aprendan.

5. Define tu estilo de crianza

Todos los padres deben definir personalmente su estilo de crianza. Algunos de los que leen esto son padres solteros. Para los que están en pareja, es importante que encuentren formas de crianza que funcionen para ambos. No tienen que estar de acuerdo con todo, pero los niños se confunden cuando sus padres están en desacuerdo constante respecto a todo, y esto es algo que pasa frecuentemente.

Este libro te ofrece muchas herramientas para ayudarte a definir tu estilo de crianza; espero que tu pareja también lo esté leyendo, pues así podrán comparar sus observaciones y conclusiones. Pon atención en tus fortalezas personales y también en las de tu pareja. Tu meta debe ser trabajar con él o ella de manera que puedan criar a sus hijos usando sus fortalezas individuales, sin minimizar al otro en el proceso. El objetivo es complementarse, no competir.

Háganse las siguientes preguntas tanto individualmente como el uno al otro:

- ✩ ¿Cuáles comportamientos consideras apropiados o inapropiados?
- ✩ ¿Cuáles métodos de disciplina consideras razonables?
- ✩ ¿Cómo usas las recompensas y la motivación positiva?
- ✩ ¿Cómo enfrentas el estrés?
- ✩ ¿Hay una distribución justa de los deberes y tareas de la casa?

El estilo de crianza de Emma es muy diferente al de su esposo. Ella suele preocuparse por las reglas, la disciplina y por hacer las cosas adecuadamente. Su esposo, Tony, quiere que los niños puedan relajarse y pasársela bien. Un buen ejemplo de cómo sus estilos de crianza se contraponen son sus distintas actitudes respecto a la tarea. Emma siempre ha creído que sus hijos (de 10 y 12 años) deberían comenzar la tarea en cuanto llegan a casa. Pero Tony argumenta que está bien dejarlos descansar y ver televisión durante una hora más o menos, lo cual molesta mucho a Emma porque a ella no le gusta que se use la televisión entre semana. Emma y Tony se dieron cuenta de que sus peleas respecto a esto confundían a los niños, así que crearon una fórmula que les funciona: los niños tienen una hora libre antes de empezar la tarea. En este tiempo suelen leer, llamar a sus amigos o hacer búsquedas en internet con la supervisión de sus padres. No ven la televisión durante la semana, pero pueden hacerlo durante los sábados y los domingos.

6. ¿Cuál es tu plan de vida?

Esto es importante porque tu plan de vida afectará la manera en que crías a tus hijos y la visión de ellos respecto a su propio futuro.

¿Has leído *Alicia en el país de las maravillas*? Como todas las grandes historias, tiene varios mensajes importantes; uno de ellos surge de una escena en la que Alicia le pregunta al Gato de Cheshire: «¿Podría por favor decirme qué camino debo tomar?» La respuesta es: «Eso depende en gran medida de adónde quieres ir».

A falta de un plan de vida podrías andar sin rumbo, sometiéndote a los giros y cambios del destino. Es posible que te tropieces con la felicidad de vez en vez, pero no experimentarás tanta como podrías si tuvieras una meta clara. Si no determinas tu plan de vida, es muy probable que termines sometiéndote al plan de alguien más.

La gente feliz suele tener un claro propósito de vida, lo cual le ofrece más claridad para encontrar el rumbo y tener metas específicas y medibles. Estas personas son determinadas y sienten que tienen el control: tanto de sí mismas como de sus vidas y de su mundo.

Cuanto más específicas sean tus metas y tu camino en la vida, más exitoso y feliz serás. La gente feliz sabe de qué se trata la vida: en qué clase de persona quiere convertirse, qué quiere lograr y qué legado quiere dejar tras su partida.

Prueba con el siguiente ejercicio: imagínate que estás escribiendo y produciendo la película de tu vida; tienes plena libertad para hacer lo que quieras. Mientras imaginas cómo tu historia toma forma, enfócate en la felicidad en todos los aspectos de tu vida, incluyendo tus relaciones familiares. Imagina que una de las escenas ocurre en un lapso de 12 meses: la vida no es cien por ciento perfecta, pero, pese a unas cuantas dificultades o problemas, eres próspero y feliz. ¿Qué ves? ¿Qué haces? ¿Qué hacen tus hijos? ¿Cómo es diferente esa película a tu vida actual y qué necesitas para hacerla realidad?

Michael y Anna se sentían atrapados, pues ambos tenían trabajos muy demandantes y estaban criando a dos niños de primaria. Siempre estaban cansados y, cuando pasaban tiempo en familia los fines de semana, solían tener conflictos entre ellos y con los niños. A fin de tener un poco más de claridad, decidieron crear un plan de vida. Escribieron una lista de lo que más valoraban. En el primer lugar estaba el tiempo de calidad con la familia, que era lo que más faltaba en sus vidas. Decidieron hacer algunos cambios. Michael, que trabajó sin parar mientras sus hijos eran bebés, negoció horarios flexibles con su jefe y aceptó un recorte en su salario. Para que esto no afectara la economía familiar, planearon un presupuesto para la casa, reduciendo algunos de los gastos extra como la comida a domicilio y las membresías del gimnasio. A ambos les gustaba la jardinería, por lo que decidieron invitar a los niños a sembrar una hortaliza. Esto redujo aún más sus gastos en el hogar y les dio un proyecto familiar en el cual enfocarse. Además, comenzaron a agendar otras actividades familiares, como una noche a la semana de películas en casa y un día en el campo una vez al mes. Con este gran cambio (la reducción de las horas de trabajo de Michael) y una serie de pequeños ajustes, gradualmente comenzaron a sentirse más en control de su vida familiar y más felices como resultado.

7. Prioriza y enfócate

¿Alguna vez has sentido que, aunque siempre estás ocupado, no logras nada importante? Muchos padres que trabajan dicen que lo que más les falta es tiempo pero, como todas las personas, tienden a pasarse la vida apagando pequeños incendios, esas peticiones, problemas y necesidades que llegan constantemente por el teléfono y el correo durante el día. El Dr. Stephen Covey, autor del *bestseller Los 7 hábitos de la gente altamente efectiva*, estableció una distinción entre las actividades «urgentes» y las «importantes». Las actividades urgentes son los pequeños incendios, como ese email del contador de la compañía solicitando el presupuesto del mes pasado. Las actividades importantes incluyen las cosas de la vida que nos sostienen emocional, intelectual, física y espiritualmente. Nuestros hijos se benefician cuando estamos satisfechos en esta área no sólo por el tiempo y la atención extra de sus padres, sino porque éstos son personas más felices y balanceadas.

Nuestra disponibilidad para reaccionar a las tareas aparentemente urgentes implica que nos enfocamos más en nuestra vida laboral, donde todo necesita ser entregado ayer, en vez de en nuestra vida familiar, que son las cosas del día a día. Como resultado, terminamos sintiéndonos deshechos, culpables e incompletos. Sabemos que estamos ignorando las cosas realmente importantes de la vida, pero no tenemos idea de cómo dejar de hacer las tareas «urgentes» que demandan nuestra atención y minan nuestra energía.

Las buenas intenciones no bastan para cambiar este tipo de conductas. Necesitas estructurar tu tiempo de manera formal, al menos al principio. Reserva una hora cada semana. Regístralo en tu agenda. Apaga tu email y pon en silencio tu teléfono. Enlista todas las tareas urgentes que necesitas realizar, de trabajo y no, y luego crea otra lista de las cosas de tu vida que son importantes para ti. Esta segunda lista podría incluir:

✧ El bienestar general y la educación de tus hijos
✧ La felicidad de tu pareja
✧ Tiempo con tus amigos

☆ Ponerte en forma
☆ Un trabajo mejor y más interesante

Acomoda tu agenda de acuerdo con eso, dejando tiempo para las actividades importantes además de las urgentes. Las entradas para las actividades importantes podrían verse más o menos así:

☆ Una hora, dos días a la semana para ayudar a los niños con la tarea.
☆ Una tarde del fin de semana para hacer actividades al aire libre con toda la familia.
☆ Una noche para salir con tu pareja.
☆ Una hora para llamar a dos amigos con quienes no has tenido contacto en algún tiempo.
☆ Tres bloques de una hora para ejercitarte.
☆ Dos horas para investigar opciones educativas que podrían ayudarte a conseguir oportunidades de trabajo más interesantes.

Al final de cada semana, revisa tu agenda. Toma nota de si lograste o no lo que te propusiste, así como de las cosas que interfirieron con tu intento de apegarte a tus planes. Luego comienza la planeación de la semana siguiente.

8. Reconoce los pensamientos negativos

Los siguientes tres capítulos te mostrarán cómo reconocer, categorizar y manejar los pensamientos negativos en todas las áreas de tu vida, particularmente como padre. Estas habilidades beneficiarán a tus hijos tanto en el corto como en el largo plazo: podrán conocer la alegría de vivir con padres que enfrentan efectivamente las situaciones difíciles, además de que aprenderán y eventualmente desarrollarán estrategias positivas para manejar las situaciones difíciles ellos mismos, gracias al poder del modelado de sus padres. Los padres que quieran involucrar activamente a sus hijos en el manejo de los pensamientos negativos desde este momento, pueden consultar la página 37.

Pero primero lo primero: ¿cómo podemos reconocer un pensamiento negativo? Una buena manera es simplemente escribirlo mientras lo estamos teniendo.

Comienza por anotar una breve descripción de la situación. ¿Dónde estabas? ¿Qué estabas haciendo? ¿Con quién estabas? Bastan unas cuantas palabras en cada respuesta.

Luego escribe cómo te sentías y qué emociones estabas experimentado: tristeza, ansiedad, estrés, preocupación, culpa, ira, frustración o cualquier combinación de éstas.

Escribe los pensamientos que cruzaron por tu cabeza en ese momento. ¿Qué parte de la situación te molestó? ¿Qué significó para ti cuando alguien dijo o hizo algo en particular? Sé tan detallado como sea posible.

Evalúa si cada pensamiento o interpretación fue de ayuda. No necesariamente hay formas «correctas» o «equivocadas» de pensar, pero hay pensamientos e interpretaciones que no son útiles en ciertas situaciones. Por ejemplo: tu hija vuelve a casa después de la escuela y te dice que su amiga la trató mal. Tú concluyes inmediatamente que le están haciendo *bullying*. Pasas la noche preocupado por las consecuencias. Pero aquí hay algunas explicaciones alternativas: tu hija hizo un mal comentario primero, provocando una respuesta; tu hija exageró para tener un poco de atención de mamá o papá; tu hija recuerda sólo la parte negativa, pues olvidó contarte que luego se reconciliaron y ahora de nuevo son mejores amigas.

El objetivo de este ejercicio es recordarte que siempre hay maneras diferentes de ver las cosas y algunas ofrecen mejores prospectos de paz y felicidad que otras.

9. Categoriza los pensamientos negativos

Lee el capítulo anterior para saber cómo reconocer los pensamientos negativos (página 32) y el siguiente para saber cómo manejarlos (página 37). Este capítulo te muestra cómo categorizar o etiquetar estos pensamientos mientras los tienes.

En las últimas décadas, estudiosos e investigadores de la psicología clínica han identificado ciertos «errores del pensamiento». Nombrar a estos errores puede hacer que sea más fácil reconocerlos.

Aquí hay una lista de los errores del pensamiento más frecuentes. ¿Te suena conocido alguno de ellos?

Sobregeneralización: Sacar una conclusión general basada en un solo evento o evidencia; esperar que vuelvan a pasar cosas malas una y otra vez, aunque sólo hayan ocurrido una vez.

Ejemplo: «Harry gritó en el supermercado. Se la pasa haciendo berrinche».

Filtrar: Concentrarse en lo negativo mientras se ignora lo positivo, pasando por alto información importante que contradice tu visión (negativa) de la situación.

Ejemplo: «Julie sólo sacó 8 de 10 en su examen. No sé cómo puede haber cometido esos dos errores».

Pensamientos extremistas: Ver solamente los extremos de las situaciones, sin término medio.

Ejemplo: «Los niños se la pasan peleando, así que no tiene caso llevarlos a cenar afuera».

Personalizar: Pensar que lo que la gente hace o dice es una reacción a ti o de algún modo se relaciona contigo; responsabilizarte de algo que no es tu culpa.

Ejemplo: «Parece que mi hijo de cinco años se la pasa peleando; debo ser un padre terrible».

Catastrofismo: Sobrestimar las posibilidades de que ocurra un desastre; esperar que pase algo terrible o insoportable.
Ejemplo: «¿Y si mis hijos se caen de los juegos y se lastiman?»

Razonamiento emocional: Confundir los sentimientos con los hechos; creer que las cosas negativas que sientes respecto a ti mismo son ciertas porque se sienten ciertas.
Ejemplo: «La crianza es tan difícil; debo ser un padre terrible».

Leer la mente: Asumir cuáles son los pensamientos, sentimientos y conductas de las otras personas sin tener en cuenta la evidencia.
Ejemplo: «Mi esposa y yo frecuentemente estamos en desacuerdo sobre los niños; debe creer que soy un pésimo padre».

Adivinación: Anticipar un resultado y asumir que tu predicción es un hecho establecido.
Ejemplo: «Mi hijo siempre va a ser un chico problema».

Afirmaciones del «debería»: Usar afirmaciones de lo que «debería» o «debe» ser, que generan expectativas poco realistas para ti y los demás; ponerse reglas rígidas y no permitir la flexibilidad.
Ejemplo: «Mis hijos deberían ser tan buenos en los deportes como yo».

Magnificación / minimización: Exagerar la importancia de la información o las experiencias negativas, pero trivializar las positivas.
Ejemplo: «Pedirle perdón a mi hija no compensa que le haya gritado».

Si alguna de estas ideas es parte de tu patrón de pensamientos, no te desanimes. Todos podemos cometer estos errores, especialmente en momentos de estrés. Lo más importante es determinar si dichos errores están afectando tu vida negativamente y si estás preparado para trabajar con ganas en corregirlos.

La próxima vez que entres en una fase de pensamientos ne-gativos, anota el pensamiento, como se describió en el capítulo anterior, y luego analízalo con la lista de errores del pensamien-to. Por ejemplo: tu hijo llega a casa con una mala calificación. Tú:

☆ ¿Sobregeneralizas: «siempre es lo mismo»?
☆ ¿Adivinas: «mi hijo no tiene futuro»?
☆ ¿Personalizas: «esto es solamente culpa mía»?

Poder etiquetar los pensamientos mientras los estamos tenien-do crea automáticamente una sensación de perspectiva, por lo que comenzarás a reconocer tus tendencias, lo cual te ayudará con el siguiente paso del proceso: manejar tus pensamientos (expuesto en el siguiente capítulo).

10. Maneja los pensamientos negativos

Cuando hayas aprendido a reconocer los pensamientos negativos (página 32) y a categorizarlos o etiquetarlos (página 34), estarás en un buen lugar para comenzar a enfrentarlos y manejarlos activamente.

La manera más fácil de hacerlo es enlistar tus pensamientos y hacerte una serie de preguntas relacionadas con ellos.

Digamos, por ejemplo, que atraparon a tu hija de 13 años robándose algo de una tienda. Tus primeros pensamientos son muy negativos:

☆ «Le espera una vida de crímenes»
☆ «He sido un pésimo padre»
☆ «No tiene autocontrol»
☆ «Sus amigos son terribles»
☆ «Si éste es el comienzo de una racha de mala conducta adolescente, no podré soportarlo»

Luego puedes hacerte una serie de preguntas que ponen a prueba estas conjeturas:

☆ «¿Qué tan frecuentemente se mete en esta clase de problemas?»
☆ «¿Qué otras evidencias hay de que he sido un mal padre?»
☆ «¿Hay casos recientes en los que mi hija haya hecho algo muy bien o que haya realizado un proyecto que requiere mucha disciplina y concentración?»
☆ «¿Con quién se está juntando en este momento? De sus amigos, ¿quién me cae bien y quién no y por qué?»
☆ «¿He experimentado otras situaciones con mis hijos que hayan puesto a prueba mi tolerancia?»

Tus respuestas podrían sorprenderte. En esta situación, podrían ser algo más o menos así:

- ☆ Antes de esto, mi hija sólo se había metido en problemas una vez por daños a la propiedad escolar, pero se arrepintió y aceptó su castigo.
- ☆ Mis otros hijos son maravillosos. Mi estilo de crianza en general ha funcionado bien, no ha habido otros eventos similares a éste en la familia. Esta hija en particular es algo rebelde o simplemente está pasando por una etapa.
- ☆ Lo bueno de la personalidad rebelde de mi hija es que suele encontrar formas nuevas e interesantes para hacer las cosas. Sus maestros dicen que siempre aporta a los debates, que es muy creativa y se enfoca en sus proyectos de arte y teatro.
- ☆ Por lo general, ha elegido bien a sus amigos. Últimamente se ha estado juntando con un par de chicos que son algo problemáticos, pero ella sabe cómo separar sus opiniones de las de sus amigos; no es un borrego.
- ☆ He vivido un par de experiencias difíciles con los chicos, especialmente cuando el más joven se enfermó de bebé. Lo enfrentamos muy bien como familia. Estoy seguro de que enfrentaremos esta nueva situación de manera positiva e ingeniosa.

Inténtalo un par de veces, aunque sea con situaciones de menor importancia, y verás lo efectivo y empoderador que es este proceso.

Carmel encontró una nueva forma de enfrentar la ansiedad cuando alcanza niveles considerablemente altos. Gracias a la terapia, logró entender y aceptar la idea de que siempre hay formas distintas de ver una situación, por lo que desarrolló un ejercicio en el que se imagina que sus pensamientos son tarjetas de información que aparecen de vez en vez como respuesta a ciertos detonantes. También se imagina que, si no le gusta una tarjeta en particular, puede guardarla y seleccionar otra. De esta manera, siempre tiene varias «tarjetas de pensamientos» para elegir la que le ayudará a evaluar de forma positiva cualquier situación en la que se encuentre.

11. Reconoce tus fortalezas

Muchas personas pasan demasiado tiempo intentando arreglar sus problemas y fallas, en lugar de enfocarse en sus fortalezas. En contraste, trabajar con tus fortalezas es fácil, agradable y algo que te llena de energía. Cuando aprendas a hacerlo, se volverá sencillo ayudar a tus hijos a identificar sus fortalezas personales también (ve a la página 59).

Recuerda que ninguno de nosotros es ni será nunca perfecto; lo mejor que podemos hacer es sacar el mayor provecho posible de nuestras cualidades y habilidades. Uno de los máximos exponentes de la psicología positiva, Martin Seligman, y sus colegas desarrollaron la siguiente lista de fortalezas personales. No son talentos o habilidades, sino cualidades individuales. La mayoría de nosotros somos buenos en cinco o seis áreas. Lee esta lista y reflexiona en cada categoría. Sabrás que tienes una fortaleza en particular si te imaginas haciendo una tarea asociada con ella, sientes que tienes el control, te involucras, eres feliz y productivo al hacerla. Entonces, por ejemplo, una tarea asociada con la valentía puede implicar ofrecerte como voluntario con los bomberos de tu localidad. Una tarea asociada con el civismo puede involucrar que formes parte del concejo de padres de tu escuela. Si estas acciones se sienten naturales, placenteras y gratificantes, significa que estás trabajando con tus fortalezas. Cuanto más trabajemos con nuestras fortalezas, más felices seremos. Prueba con las siguientes:

- ✿ Alegría
- ✿ Ánimo
- ✿ Amabilidad
- ✿ Amor por el aprendizaje
- ✿ Apreciación de la belleza y la excelencia
- ✿ Autocontrol
- ✿ Cautela
- ✿ Civismo
- ✿ Compasión

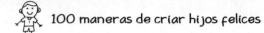

- ✩ Conciencia social
- ✩ Coraje
- ✩ Creatividad
- ✩ Curiosidad
- ✩ Diligencia
- ✩ Discreción
- ✩ Empatía
- ✩ Energía
- ✩ Entusiasmo
- ✩ Equidad
- ✩ Esfuerzo
- ✩ Esperanza
- ✩ Espiritualidad
- ✩ Fe
- ✩ Generosidad
- ✩ Gratitud
- ✩ Honestidad
- ✩ Humildad
- ✩ Humor
- ✩ Ingenuidad
- ✩ Integridad
- ✩ Inteligencia práctica
- ✩ Juicio
- ✩ Justicia
- ✩ Lealtad
- ✩ Liderazgo
- ✩ Mente abierta
- ✩ Modestia
- ✩ Optimismo
- ✩ Originalidad
- ✩ Pasión
- ✩ Pensamiento crítico
- ✩ Perdón
- ✩ Perseverancia
- ✩ Perspectiva
- ✩ Prudencia
- ✩ Sentido de propósito
- ✩ Simpatía
- ✩ Trabajo en equipo
- ✩ Valentía
- ✩ Valor
- ✩ Vitalidad

Visita authentichappiness.sas.upenn.edu para encontrar un cuestionario que te ayudará a identificar tus fortalezas. El siguiente capítulo te enseñará cómo utilizarlas.

12. Utiliza tus fortalezas

Ahora que has identificado tus fortalezas con ayuda de la lista de las páginas 39 y 40, el reto es descubrir cómo utilizarlas tan frecuentemente como sea posible. Aquí hay algunos ejemplos:

- ✿ Si valoras la belleza, ofrécete como voluntario en una galería de arte o lleva un diario de cosas inspiradoras.
- ✿ Si la curiosidad es tu fuerte, lee un libro o ve a una conferencia sobre un tema del que no sepas nada, o visita un restaurante que se especialice en un tipo de comida que no conoces.
- ✿ Si crees que es fácil para ti ser agradecido, escribe y envíale una carta a alguien que merezca gratitud.
- ✿ Si la amabilidad es tu fortaleza, considera una carrera trabajando con niños, enfermos o personas mayores, o puedes ofrecerte como voluntario en esta área.
- ✿ Si eres un líder, toma la responsabilidad de una tarea desagradable en el trabajo y asegúrate de que se haga.

No minimices tus fortalezas; esto es un error muy frecuente, en parte porque cuando trabajamos con nuestras fortalezas las cosas parecen más fáciles que difíciles. Mucha gente tiende a enfocarse en perfeccionar las áreas en las que falla. Aunque esto es importante, también puede hacerte sentir constantemente a la defensiva. Cuando trabajas con tus fortalezas, construyes seguridad y ésta te ofrece una base sólida para la felicidad en todas las áreas de tu vida.

Cuando le pidieron a María que identificara sus fortalezas en la crianza, le costó trabajo responder. Casi nunca sentía seguridad en sí misma. Cuando empezó como mi paciente, le pedí que describiera un momento en el que hubiera disfrutado estar con sus hijos o en el que creyera que sus hijos disfrutaron estar con ella. Lo pensó por un momento y me contó de las veces en que platicaba con su hijo de 10 años sobre «la vida, el universo y todo lo demás». Se dio cuenta de que regularmente, mientras preparaba la cena para su familia, platicaba y filosofaba con su hijo, debatiendo toda clase de temas y asuntos. Cuando le pregunté por qué no había reconocido esto inmediatamente como una fortaleza en la crianza, dijo que creía que debía pasar más tiempo con él jugando a la pelota en el parque (algo que a ella no le gustaba y en lo que sentía que no era muy buena).

13. Siembra pensamientos optimistas

Además de enfrentar y manejar los pensamientos negativos (ve a la página 37), es importante desarrollar pensamientos optimistas, constructivos y útiles. No sólo hablo de los pensamientos que te ayudarán a superar las aflicciones o a enfrentar una situación en particular, sino también de aquellos que te ayudarán a tener una sensación constante de éxito y felicidad.

La clave es desarrollar una actitud flexible y positiva. Comienza haciéndote preguntas generales como:

- ¿Cuáles son mis mejores cualidades?
- ¿Quién y qué es lo mejor de mi vida?
- ¿Qué cosas buenas y maravillosas están pasando en el mundo?
- ¿Qué me emociona del futuro?
- ¿Qué logros tuve hoy?
- ¿Qué logros tendré mañana?
- ¿Qué avances he tenido en lo que estoy haciendo para progresar en la vida?

Luego enfócate en tu situación en específico con preguntas como:

- ¿Qué es lo mejor de esta situación?
- ¿Qué cosas positivas puedo sacar de esta situación?
- ¿Qué puedo aprender de esto y cómo puedo aprovecharlo para mejorar?

Si no estás acostumbrado a enfocarte en estos temas o a decir cosas positivas sobre ti mismo, al principio podría parecerte una tarea difícil o incómoda, pero no te preocupes, ésta es una habilidad que requiere práctica. Recuerda que, al dominar los pensamientos positivos, tu felicidad mejorará.

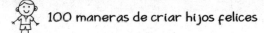

Para ayudarte a sembrar pensamientos optimistas, prueba con el siguiente ejercicio:

Durante dos semanas, antes de acostarte escribe de tres a cinco cosas positivas que hayan pasado en el día. Reflexiona sobre cómo te hicieron sentir feliz, o anota de tres a cinco cosas por las que estés agradecido. Piensa en lo bien que se sentirá volver a leer estas anotaciones.

14. Entiende la importancia del optimismo

Muchas veces me preguntan: «¿Cuál es el secreto de la felicidad?». La verdad es que no lo hay. No hay una cosa específica que hará que todas las personas que leen este libro sean felices; si la hubiera, ya todos la habríamos descubierto.

Dicho esto, si tuviera que elegir un elemento que puede influenciar fuertemente tus posibilidades de ser feliz, sería el optimismo. El optimismo, o pensamiento positivo, puede aprenderse; aprender a pensar positivamente puede mejorar tu felicidad y ayudar a tu salud, a la calidad de tus relaciones y a tu desempeño en el trabajo.

Un ejemplo maravilloso del poder del pensamiento positivo es Roger Bannister, el primer atleta que recorrió una milla en menos de cuatro minutos. Los atletas habían intentado romper esta barrera por años y muchos expertos de su tiempo (atletas, entrenadores y doctores) creían que era imposible, que el cuerpo humano no era lo suficientemente avanzado. Bannister demostró que se equivocaban: en mayo de 1954 corrió una milla en tan sólo 3 minutos y 59 segundos.

Para mí, lo más maravilloso de esta historia no es el increíble logro de Bannister, sino el hecho de que en los seis meses que le siguieron muchos otros atletas rompieron la barrera de los cuatro minutos, incluyendo a John Landy, de Australia.

¿Por qué de pronto todos estos atletas fueron capaces de lograr algo que antes consideraban imposible? Porque creyeron que podían hacerlo. Pensaron «si él pudo, quizá yo también pueda».

Si crees que puedes lograr algo, mientras esa creencia sea realista (no estoy hablando de fe ciega u optimismo irreal, lo cual puede ser contraproducente, peligroso o por lo menos inútil), vas a lograrlo; si crees que puedes hacer las cosas, tener éxito y ser feliz, incrementarás significativamente tus probabilidades de alcanzar esas metas.

15. Promueve relaciones saludables: tu pareja y tú

La calidad de la relación con tu pareja juega un papel muy importante para tu bienestar y felicidad. Una buena relación te ofrece una defensa contra el estrés, la depresión y otras emociones negativas, además de promover una sensación positiva de bienestar, que a cambio te ayuda a ser un mejor padre (encuentra consejos para promover una relación positiva con tu hijo en la siguiente página). Puede parecer obvio, pero uno de los elementos clave de una relación positiva es el apoyo. Esto involucra reconocer y apreciar las fortalezas de tu pareja, felicitarla y ofrecerle retroalimentación positiva, además de mantener los canales de comunicación abiertos, respetarla y confiar en ella.

Haz este ejercicio con tu pareja:

- ✩ Ambos hagan una lista de todas las cosas que les gustaría que la otra persona hiciera por ustedes, agregando junto a cada entrada una calificación de 0 a 100, que refleje cuánto placer les daría que su pareja hiciera estas cosas.
- ✩ Intercambien listas y revisen lo que escribió su pareja; luego pongan números de 0 a 100 en relación con cuánto les molestaría hacer cada tarea.
- ✩ Comparen las dos calificaciones: resten los números de «molestia» a los de «placer» para obtener una calificación final. Los elementos con calificaciones más altas son los que ofrecerán más placer a cambio de menor molestia, así que ambos ganan. Comiencen con los números más altos y vayan bajando en la lista.

16. Promueve relaciones saludables: tu hijo y tú

Reconocer y apreciar las fortalezas de tu hijo, así como mantener abiertos los canales de comunicación, son aspectos vitales para generar y mantener una relación de calidad con tu hijo, lo cual incrementará la felicidad de toda la familia.

Aplica los siguientes ejercicios con tu hijo para promover una relación positiva y gratificante:

☆ Escríbele una carta expresándole tu gratitud por todas las cosas maravillosas que hace: puede ser que se esfuerce por ayudar en la casa, cuide a sus hermanos menores o que sea buen amigo en la escuela. Sé que escribir cartas parece algo obsoleto, pero creo que esto las hace aún más poderosas. Date tiempo para entregarle la carta en persona.

☆ Involúcrate en algo que le apasione a tu hijo: puede ser acercarte a platicar de un libro que está leyendo, andar en bicicleta o participar en un programa de apoyo sobre un tema que le interese mucho. Tener puntos de conexión con tu hijo le demostrará que estás interesado en su vida más allá de la rutina del día a día.

17. Comunícate efectivamente

Si necesitas hablar de un tema complejo o potencialmente difícil, es importante elegir el momento correcto para hacerlo. Busca una hora del día en la que no tendrás presiones ni estarás cansado o serás interrumpido. Piensa qué quieres decir y cómo te gustaría decirlo. Mejor aún, dilo en voz alta.

La comunicación efectiva es un proceso de dos vías, así que recuerda escuchar. Si estás relajado, estarás en una mejor posición para escuchar lo que dice la otra persona y decir lo que tú quieres comunicar. Sé tan específico como sea posible y enfócate en comportamientos reales. ¿Qué fue lo que te molestó de la situación? ¿Qué hicieron tú o la otra persona? ¿Qué te gustaría que hiciera la otra persona?

Recuerda que todos tienen sus propias ideas sobre la forma en que deberían hacerse las cosas, así que elige tus palabras con cuidado. En vez de decir «así debería ser», usa frases como «me gustaría...» seguida de la descripción de un comportamiento específico. Intenta no culpar a la otra persona diciendo cosas como «me haces sentir...»; en su lugar di algo como «cuando hiciste..., sentí...»

Andrew vivía en una batalla constante con su hija adolescente, Sarah. Ella ignoraba las horas de llegada, se vestía de forma inapropiada para la escuela y no terminaba la tarea. Sus discusiones sobre estos asuntos solían terminar en enfrentamientos a gritos. Andrew decidió probar con una forma de comunicación diferente. Esforzándose por ser paciente, pasaba un rato con Sarah dos veces a la semana, sólo ellos dos. En ese tiempo le preguntaba a Sarah cómo iba la escuela y cómo estaban sus amigos. Al principio, Sarah bloqueó sus intentos de comunicación, pero se fue relajando gradualmente al ver que su papá no iba a gritarle ni a criticarla. Pronto Andrew se sintió con la suficiente confianza para empezar a hablar de por qué no le gustaban ciertos comportamientos de Sarah. Usó frases como: «Cuando llegas tarde a casa, tu madre y yo nos preocupamos mucho. Queremos que la pases bien, pero también que estés a salvo». De este modo, Sarah se sintió incluida en el debate y percibió que su padre le hablaba con respeto, así que comenzó a confiar de nuevo en él y gradualmente empezó a tener en cuenta algunas de sus preocupaciones.

18. Promueve un hogar saludable y sé un buen modelo a seguir

Es difícil ser feliz si estás enfermo y no tienes la energía para hacer las cosas que quieres hacer. Vivir sanamente es esencial para sentirte bien, que es un componente crucial de la felicidad, así que es importante ser tan activos y saludables como sea posible.

No soy experto en salud, ejercicio o pérdida de peso, pero quiero animarte a procurar un hogar saludable y consciente para ti y tu hijo. Asegúrate de que todos en casa duerman suficientes horas, coman bien y se ejerciten regularmente.

Como con los otros consejos de esta sección, cuanto más te enfoques en arreglar aspectos tu vida, más efectivo serás como padre. Trabaja con tus fortalezas para hacerlo. Aquí hay algunos ejemplos:

- ✩ Si la espiritualidad es parte de tu vida, haz yoga o meditación.
- ✩ Si eres bueno para el trabajo en equipo, organiza semanalmente un equipo deportivo con otros adultos que estén interesados en esto, o hazlo con otras parejas o familias.
- ✩ Si tienes una gran inteligencia práctica, considera hacer un viaje familiar para acampar.
- ✩ Si eres creativo, conviértete en un experto de la cocina haciendo comidas sabrosas y saludables para tu familia.

(Ve a la sección cinco, desde la página 141, para encontrar información más detallada.)

19. Ten conciencia plena: disfruta el momento

¿Cuántas veces te has dicho «seré más feliz cuando tenga más dinero / cuando consiga un mejor trabajo / cuando los chicos se vayan de la casa»? Es común caer en la trampa del «cuando», pero esto ni es útil ni conlleva la felicidad, pues nos distrae del presente y nos obliga a enfocarnos en un futuro que podría nunca llegar, o si llega, puede que sea decepcionante.

La felicidad tiende a vivirse más como parte de un proceso en vez de como una meta final por alcanzar o un objeto en particular por conseguir. Las emociones positivas que se vinculan con posesiones materiales duran poco; en pocas palabras, nos acostumbramos a las cosas, de manera que lo que hoy es nuevo y especial el día de mañana simplemente será algo ordinario. Esto no significa que las posesiones materiales sean malas; es sólo que, si buscas las «cosas» para encontrar la felicidad, te decepcionarás constantemente.

La gente feliz vive en el presente, en vez de obsesionarse con el pasado o preocuparse por el futuro. Podemos aprender del pasado, pero no podemos cambiarlo, así como podemos planear el futuro, pero preocuparnos por él no hará que salga como queremos.

Vivir en el momento es algo que hace muy bien a la mayoría de los niños. Aunque algunas veces puede ser frustrante para los padres, como cuando tienes prisa y quieres que ya salgan, pero ellos sólo quieren seguir jugando o viendo lo que estén viendo, lo que están haciendo es simplemente disfrutar el aquí y ahora. Ellos no se dan cuenta de que tú necesitas estar en algún lado en 20 minutos y, la verdad, no les importa, porque (dependiendo de su edad, claro) no tienen mucha noción del futuro.

Reserva 10 minutos al día para enfocarte conscientemente en cualquier actividad, ya sea lavar los trastes, llevar a tus hijos a la escuela o compartir una comida en familia. Cada que tu mente se vaya hacia eventos pasados o futuros, tráela de regreso al ahora. Si lo haces regularmente y aumentas la can-

tidad de veces que lo haces durante el día, comenzarás a notar un claro cambio en tu atención. Terminarás tus tareas de una manera más plena y satisfactoria; en general, te sentirás más tranquilo y en control.

20. Aprende de tus hijos: juega y diviértete

Nuestros hijos aprenden de nosotros todos los días, pero ¿qué nos pueden enseñar ellos? Lo más importante es cómo divertirnos. Casi parece excesivamente obvio, pero la felicidad, aunque no sólo depende del placer, está muy ligada a él.

Muchos de nosotros estamos tan concentrados en ser padres, en el trabajo y en las deudas que nos olvidamos por completo de la diversión.

La próxima vez que salgas con tus hijos, proponte observar lo que los entretiene. Los niños muy pequeños suelen deleitarse con las cosas más simples, por ejemplo, los árboles que ven desde su carriola. Los más grandes se alegran al ver a un amigo, al subirse a una bicicleta o al jugar a la pelota en el patio.

Proponte compartir los momentos de diversión de tu hijo, pero también procura hacerte tiempo para algo de diversión para adultos como:

☆ Ir a cenar con tu pareja.
☆ Unirte a un club de libros.
☆ Almorzar con un amigo.
☆ Comenzar una actividad nueva y emocionante como kayak o velerismo.

Los adultos tenemos una capacidad impresionante para complicar las cosas y frecuentemente creemos que la vida es mucho más difícil de lo que en realidad es. Ser feliz no es el resultado de resolver los problemas del mundo, sino el estado mental con el que enfrentamos dichos problemas.

20 maneras de construir carácter

Carácter es una palabra que ya no se utiliza tan frecuentemente como hace una o dos generaciones. Hoy por hoy nos enfocamos más en los logros y esto aplica tanto para los niños como para los adultos. Frecuentemente escucharás a un padre hablando sobre las buenas calificaciones o el desempeño deportivo de su hijo, pero es menos probable que lo escuches hablando de su visión positiva o su sentido de la justicia. Los logros son algo que puede medirse, pero el carácter y las piezas que lo van formando, como la resiliencia, el valor, el humor, el pensamiento flexible y la compasión, son menos tangibles, además de que, por lo general, se desarrollan y maduran a largo plazo. Este capítulo habla sobre cómo reconocer y fomentar las cualidades asociadas con el carácter. También analiza cómo esto no sólo ayudará a tu hijo en sus actividades diarias (y en la percepción de sus logros), sino que además le ofrecerá las herramientas para enfrentar algunas de las situaciones más complicadas de la vida.

21. Las distintas etapas del desarrollo: para ti y para tu hijo

No hay formas correctas o equivocadas de criar a tu hijo, pero las siguientes pautas te ayudarán a enfrentar cada etapa de su vida:

⚝ En sus primeros años, hasta los ocho, tu papel es principalmente el de un maestro. Durante estos primeros años, tu hijo aprende a distinguir lo correcto de lo equivocado, cómo funcionan las cosas, qué puede y no hacer.

⚝ Durante la siguiente fase de tu hijo, la adolescencia, tendrás un papel más de entrenador. Intenta ayudar a tu hijo a revisar tanto como sea posible todas las opciones disponibles y a considerar las consecuencias de las diferentes alternativas, para que después pueda tomar sus propias decisiones.

⚝ Finalmente, conforme tu hijo pasa de la adolescencia al principio de su adultez, gradualmente te convertirás en un mentor. Compártele experiencias sobre lo que a ti te ha funcionado y lo que no, para ayudarlo a tomar sus propias decisiones.

Claro que estas etapas no deberían considerarse exclusivas o mutuamente excluyentes, sino un enfoque para acomodarse según convenga. Pensar así te ayudará en tu papel de padre y servirá de apoyo para que tu hijo desarrolle su individualidad.

Eliza tiene dos hijas: Kaz, de 14 años, y Nita, de siete. No siempre ha sido fácil para ella manejar esta gran diferencia de edades, especialmente en asuntos relacionados con la disciplina. Para ser justa, tenía las mismas reglas para ambas chicas, pero esto siempre provocó dificultades: demasiada libertad para la más chica y muy poca para la mayor. Tras un fin de semana especialmente pesado discutiendo

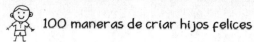

sobre la hora de irse a acostar, las salidas y el tiempo que pueden pasar viendo televisión, Eliza decidió probar la sugerencia de una de sus amigas que es maestra, y adoptó un estilo de crianza distinto con cada una de sus hijas. Al principio fue difícil, pero después de algunos fallos le agarró el modo. Con su hija menor, Nita, Eliza se involucra activamente en muchos temas. Ya no le ofrece tantas opciones como antes y le da instrucciones claras acerca de hacer la tarea y otros deberes diarios. Además, le da muchas explicaciones y apoyo, pero no teme decir un simple «no» ante actividades que considere inapropiadas para su edad. Con Kaz, Eliza ha optado por un enfoque más electivo. No corre a ayudarla con su tarea en cuanto ve que tiene algún problema, sino que la anima a solucionarlo. Está dispuesta a negociar, especialmente en temas que tienen que ver con la vida social de su hija, y siempre le pregunta su opinión en asuntos que afectan a toda la familia. Si Kaz tiene un problema con un amigo, Eliza no le ofrece inmediatamente una solución, sino que le plantea una serie de preguntas que ayudan a Kaz a sacar sus propias conclusiones. Ahora las chicas ya se han adaptado a este cambio y Eliza siente que es mejor madre.

22. Utiliza preguntas socráticas

El filósofo griego Sócrates fue famoso por enseñar no a través de métodos didácticos, sino planteando preguntas sutiles y cuidadosamente elaboradas. Su premisa era que los estudiantes aprenderían más efectivamente si ellos mismos conseguían las respuestas.

Este enfoque se ha refinado y modificado en los últimos años, pero los elementos básicos de las preguntas socráticas siguen siendo considerados entre las estrategias más efectivas para cambiar ideas y creencias. Si reconoces que tus pensamientos podrían no ser útiles o realistas, cuestiónalos. Ésta es una manera muy efectiva para desarrollar formas de pensar más prácticas que puedan generarte mayores éxitos y llevarte a ser más feliz.

Este enfoque es especialmente valioso para los niños y es también una manera efectiva para que los ayudes a formar sus propias opiniones. Además, te permite entender la posición de tu hijo, lo cual es un paso crucial en la comunicación y el proceso de apoyo. Plantea tu pregunta de una manera que guíe sutilmente a tu hijo hacia una respuesta o solución prudente y apropiada. Intenta evitar las preguntas tipo «¿por qué?» y en su lugar prueba con las siguientes:

- ✿ ¿Qué hay en esto que...?
- ✿ ¿Qué crees que puedes hacer respecto a esto?
- ✿ ¿Qué opciones hay?
- ✿ ¿Hay alguna otra forma de ver esto?
- ✿ ¿En qué medida crees que...?
- ✿ ¿Qué evidencias tienes de esto?

23. Reconoce, confronta y maneja los pensamientos negativos de tu hijo

En la sección uno discutimos cómo reconocer, categorizar y manejar tus pensamientos (ve a las páginas 32 a 38). Ahora que conoces un poco más sobre las maneras para enfrentarlos (y espero que estos métodos te estén funcionando), comienza a buscar pensamientos negativos en tu hijo. Todos sabemos que los niños pueden ser negativos a veces pero, cuando esto comienza a convertirse en un patrón constante, es momento de preocuparse. Usa los ejercicios de la sección uno para ayudar a tu hijo a ver el otro lado de la situación y anímalo a analizar todos los ángulos. Utiliza algunas preguntas socráticas (ve a la página anterior).

La hija de Jeanie y Doug, Annie, solía volver a casa con historias de víctima. Nada le salía bien: sus amigos eran malos, los maestros la molestaban y no lograba entrar al equipo deportivo. Sus padres sabían que las cosas tenían que cambiar. Primero consultaron al maestro de Annie para asegurarse de que todo estuviera bien. Luego de confirmar que todo parecía ir bien y que tenía amistades buenas y sólidas, sus padres decidieron enfrentar la situación de la siguiente manera: cada que su hija comenzaba a decir cosas negativas sobre la escuela, le pedían que escribiera tres cosas buenas que hubieran pasado en el día. Era un ejercicio simple, pero lentamente pareció darle la vuelta a la situación. En unas cuantas semanas, Annie hablaba sin que se lo pidieran sobre las cosas buenas que pasaron en ese día y, si algo había salido mal, tendía a no prestarle mucha atención y seguir adelante.

24. Ayuda a tu hijo a reconocer sus fortalezas

Dependiendo de su edad, ya deberías saber bastante bien en qué es bueno tu hijo y qué le gusta hacer, pero ¡recuerda preguntarle de cualquier manera!

Mis dos hijos son extremadamente diferentes; a mi esposa y a mí nos tomó algún tiempo descubrir cuáles eran sus fortalezas. A mi hija Tali le gusta analizar todas sus opciones a profundidad antes de tomar una decisión. En cambio, mi hijo Coby suele elegir lo primero que ve, lo cual puede ser más fácil desde nuestra perspectiva (¡sobre todo si tenemos prisa!), pero también puede causar problemas (y arrepentimientos) más adelante. Ahora nos recordamos constantemente que nuestros hijos sólo están usando sus fortalezas: Tali es cuidadosa y tiene autocontrol, mientras que Coby es energético, alegre y lleno de vida.

Revisa la lista de fortalezas básicas en las páginas 39 y 40; piensa en cómo cada una podría ser percibida de forma positiva y negativa en relación con tu hijo. Luego, crea una lista de sus fortalezas personales.

Ahora observa tus reacciones y las de otros adultos a los distintos aspectos de la conducta de tu hijo. ¿Hay cosas que te molestan? Si sí, ¿cuáles podrían mirarse de una forma más positiva? Por ejemplo:

☆ Tu hijo es extremadamente sensible y suelen decirle que debe ser más fuerte. Esto puede significar que tu hijo es muy empático, así que puede irle bien en situaciones en las que los cuidados y la consideración sean cualidades importantes e invaluables.

☆ Tu hija es obstinada y discute todo constantemente. Tanto sus maestros como tú suelen decirle que «lo olvide» o «lo supere». Esto podría significar que tu hija es muy perseverante y que siempre está dispuesta a darlo todo por defender sus creencias.

☆ Tu hijo se la pasa haciendo preguntas. Puede llegar a ser molesto. A veces crees que simplemente no entiende algunas cosas, pero también puede ser que es curioso por naturaleza y que esta cualidad lo llevará a explorar el mundo de una manera que le abrirá maravillosas oportunidades en un futuro.

Date un momento para confrontar tus ideas sobre tu hijo mientras van surgiendo y esfuérzate por convertir esa interpretación negativa de su conducta en una positiva. Hazlo así:

- ✩ **Pensamiento original:** Parece que mi hija se tarda media vida en tomar una decisión; debería poder elegir algo rápidamente.
- ✩ **Nuevo pensamiento:** En realidad mi hija es profundamente cuidadosa y juiciosa, fortalezas que la ayudarán en muchas situaciones.

Habla con tu hijo sobre sus fortalezas, pero ten cuidado de no encasillarlo. Recuérdale que, conforme crezca, podría desarrollar nuevas fortalezas para complementar las que le vienen naturalmente. Por ejemplo, altos niveles de creatividad podrían necesitar del equilibrio de la constancia y la perseverancia, así como la prudencia podría requerir compensarse con valentía.

25. Ayuda a tu hijo a construir sus fortalezas

Una vez que hayas reconocido las fortalezas de tu hijo, ayúdalo a sacarles el mayor provecho poniéndolas en práctica en áreas de su interés. Por ejemplo, si tu hija es diligente y precavida, dale la tarea de hacer las cuentas cuando van de compras o déjala que te ayude con el presupuesto familiar. Si tu hijo está lleno de energía y tiene gran coordinación psicomotriz, dale pelotas y bates para que juegue, en vez de sentarlo en una mesa con crayones y papel. Claro que todas estas actividades son parte de su crecimiento, pero cuídate de no forzarlo a hacer cosas que te gustan a ti en vez de cosas que le gustan a él.

Todos conocemos (¡y envidiamos!) a personas que aman su trabajo porque en él usan sus fortalezas en un campo que es de su interés. Sin duda ése es el tipo de experiencia de vida que queremos para nuestros niños.

Considera los siguientes puntos cuando estés ayudando a tu hijo a aumentar sus fortalezas:

- ¿Es algo que él quiere hacer o algo que tú quieres que haga?
- ¿Está disfrutando el reto y avanzando?
- ¿Siente que está logrando cosas?
- ¿Hay áreas en las cuales está interesado, pero no necesariamente tiene las habilidades correctas? Si es así, ayúdalo a generar dichas habilidades.

26. Guía a tu hijo

Ahora que estás preparado para ayudar a tu hijo a reconocer e incrementar sus fortalezas (ve las páginas 59 a 61) y para que comience a tomar sus propias decisiones, prepárate para una nueva aventura.

Claro que es importante que tu hijo no sienta que lo estás presionando para tomar tal o cual camino, pero al mismo tiempo tu meta debe ser guiarlo sutil y solícitamente en la dirección correcta.

Cuando tu hijo se enfrente a una situación en la que requiera ayuda, trabaja con él para clarificar la naturaleza exacta del problema o conflicto. Asegúrate de que haya explorado todas las opciones. Evalúen los pros y los contras de cada opción, incluyendo las consecuencias a corto y largo plazo, y determinen un plan de acción razonable o cuál es la mejor decisión.

Obviamente esto toma más tiempo que simplemente decirle a tu hijo lo que «debería» hacer, pero es tiempo bien aprovechado, pues de este modo tu hijo aprenderá a reflexionar sobre sus propios problemas y con el tiempo será menos dependiente de tus respuestas.

Jenna tiene 13 años. La aceptaron en la banda escolar hace unos años como clarinetista. Al principio estaba muy emocionada, pero ya se aburrió. Dice que nunca tocan nada interesante y que el maestro no tiene gracia. Mia, la mamá de Jenna, quiere que su hija no renuncie. Después de todo, ya pagaron el costo del programa de música. Sin embargo, en vez de insistir, decide sentarse con Jenna a pensar las cosas. Con preguntas bien cuidadas, Mia descubre que el maestro es muy cuadrado y que se enfoca demasiado en las presentaciones, en vez de los ensayos. Jenna toca muy bien y es muy creativa, por lo que los ensayos no le ofrecen nada que no tenga ya. Mia comprende la frustración de Jenna y entre las dos llegan a un acuerdo: Jenna seguirá en las clases hasta el final del semestre y luego se pasará a la banda de jazz, que es dirigida por un maestro joven y lleno de vida. Mia hace hincapié en que esto le costará extra, por lo que espera que Jenna se quede en la banda de jazz por al menos un año.

27. Sean considerados con los demás

Está muy bien que tus hijos puedan tomar sus propias decisiones, pero también necesitan saber que a veces éstas involucran los sentimientos y necesidades de otras personas. Déjales claro cuáles son las conductas que te gustaría ver en ellos, especialmente en relación con los demás. Por ejemplo, no sólo recompenses su buen comportamiento, sino también que traten a los demás de forma amable y considerada, incluyendo a sus hermanos, compañeros de clase ¡y a ti mismo!

Aunque tu hijo ya haya entendido que estas conductas son positivas y lo mucho que te alegran, sigue reforzándolas. Felicítalo cuando lo haga bien y, si no lo logra, recuérdale cuál es el tipo de conducta que quieres ver en él.

28. Definan qué está bien y qué está mal

Los niños no nacen con un compás moral integrado, así que debemos enseñarles a distinguir lo que está bien de lo que está mal. Ayudar a tu hijo a entender lo que es importante es una de las tareas más complicadas a las que te enfrentarás como padre, pero también debe ser una de tus mayores prioridades. Tú debes ser el primero en enseñarle a tu hijo el valor de la salud, las relaciones, la educación, la diligencia, el trabajo para conseguir metas a largo plazo, la paciencia y la tolerancia.

Creo que la manera más efectiva para lograrlo es modelando conductas y actitudes adecuadas (ve a la página 87). Por ejemplo, sería increíblemente difícil que un niño entendiera cómo ahorrar dinero si sus padres siempre están gastando en exceso, cómo ser activo si sus padres viven de manera sedentaria, o cómo ser respetuoso si sus padres se insultan o se maltratan entre ellos.

Otra estrategia clave para enseñarle valores a tu hijo es tener discusiones abiertas, pues esto lo ayudará a entender mejor los principios subyacentes para que pueda vivirlos constantemente. Cuando es más chico, esto puede hacerse leyéndole libros infantiles para luego comentar los mensajes principales. Yo considero que leerles a mis hijos es una actividad interactiva que fácilmente abre discusiones fascinantes y reveladoras, incluyendo charlas sobre lo correcto y lo incorrecto.

29. Ayuda a tu hijo a desarrollar su propósito y definir sus metas

Ayudar a tu hijo a definir metas, valores y prioridades claras es un servicio increíblemente valioso que puedes ofrecerle. Además de ponerlo en el camino para aprender a distinguir lo que está bien y lo que está mal (ve a la página anterior), es esencial ayudarlo a distinguir qué es importante y también, qué no lo es. Esto lo ayudará a determinar cómo, cuándo y dónde poner sus metas, tanto ahora como en el futuro.

Motiva a tu hijo a considerar las cosas que son importantes para ti, como en los siguientes ejemplos:

☆ Si aprecias el medio ambiente, anima a tu hijo a ayudarte a reciclar en casa y en tu vecindario.
☆ Si aprecias la equidad, asegúrate de que se refleje en tus interacciones en casa, así como en la forma en la que hablan del trabajo, las noticias y los acontecimientos de actualidad (dependiendo, claro, de la edad de tu hijo).
☆ Si aprecias vivir saludablemente, anima a toda la familia a comer bien y hacer ejercicio regularmente.
☆ Si aprecias la educación, ve menos televisión basura, lee más y anima a tu hijo a hacer lo mismo; participa activamente en sus tareas y, cuando hagan preguntas, busquen juntos las respuestas.

Motiva y ayuda a tu hijo en sus intentos por involucrarse en actividades relevantes. Los refuerzos positivos hacen que sea más fácil y disfrutable para nuestros hijos involucrarse en lo que ambos hemos señalado como prioridades. Este apoyo debe disminuir gradualmente con el tiempo, pero mientras más ayudes a tu hijo al inicio, más probabilidades tendrá de conseguirlo y ser feliz.

Cada fin de semana largo en junio, la familia Bond se reúne para crear un *collage* mientras buscan fotografías en las revistas y ponen sus CD favoritos, lo cual los hace bailar y cantar. A todos les encanta esta actividad. No hay nada correcto ni equivocado: si a alguien le gusta una imagen, la imagen se usa. Al terminar, el *collage* se cuelga en la pared y la familia Bond lo va comentando con el paso de los meses. Casi siempre les sorprende ver cómo las imágenes parecen reflejar cosas que van pasando en el transcurso del año.

30. Planteen metas claras

La clave para plantear metas claras es pensarlas de forma inteligente: asegúrate de que se integren fácilmente en la vida de tu hijo y que estén claramente definidas en un lapso alcanzable.

Por ejemplo, si tu hijo quiere un juego, libro o juguete nuevo, la meta encaja perfecto con un plan de ahorro. Si tu hijo quisiera jugar un deporte en particular o tocar un instrumento musical, la meta podría usarse para ayudarlo a practicar regularmente a fin de conseguir cierto resultado: obtener un lugar en el equipo escolar o aprenderse una canción nueva.

Cuando sea adecuado, discute y comparte con tu hijo tus propias experiencias al plantearte metas y cómo las usaste para lograr lo que querías en el trabajo, en relaciones o en tus pasatiempos.

Hay incontables ejemplos de cómo las personas famosas y exitosas comenzaron desde abajo y construyeron sus logros. Encontrar un modelo adecuado que a tu hijo le interese seguir también puede ser una forma poderosa y efectiva para enseñarle estos principios.

31. Promueve expectativas realistas

La felicidad verdadera y significativa depende fundamental-mente de tener expectativas realistas de lo que te espera en la vida. Por tanto, debemos aceptar que pasarán algunas co-sas no deseadas y que otras saldrán mal; todos hemos tenido adversidades en algún momento y esto también les pasará a nuestros hijos.

Es bueno soñar y ponerse metas, pero las subidas y bajadas son inevitables. Así que es vital cultivar en tu hijo la capacidad de aceptar, evaluar y seguir adelante. Cuando le expliques una situación que no salió como se esperaba, hazlo tranquilo, sé justo y dale a tu hijo la mayor información posible sobre por qué el resultado fue distinto a lo que planearon o esperaban.

Anima a tu hijo a probar cosas nuevas, aunque no crea que pueda hacerlas (o hacerlas perfectamente). Este principio se ilustra hermosamente en un libro maravilloso de Peter Rey-nolds llamado *Ish* (Casi). Al personaje principal le encanta di-bujar hasta el día en que su hermano se burla de uno de sus di-bujos. En consecuencia, el protagonista abandona sus trabajos artísticos porque el resultado de sus esfuerzos no se ve como debería. Luego descubre que a su hermana menor le encantan sus obras y que ha estado juntando las que él tira. Cuando le pregunta por qué le gustan, ella le responde, refiriéndose al di-bujo de un jarrón, que «es casi un florero». Entonces el chico se da cuenta de que todos sus dibujos son casi algo y que la bús-queda de sus dibujos claramente no es la perfección. Con esto entiende que el intento de capturar una imagen tan parecida como sea posible puede ser algo disfrutable y gratificante.

32. Construye resiliencia

La gente realmente feliz se alegra cuando las cosas salen bien y es capaz de tolerar cuando no. ¿Alguna vez has notado cómo la gente que tiene lo que suele llamarse «felicidad auténtica» se repone rápidamente de la adversidad? La gente feliz es fuerte y a nadie le sorprende que su resiliencia traiga la felicidad.

Como padre y profesional que tiene la meta de hacer lo que pueda para promover la felicidad y la positividad, puedo pensar en pocas cosas que considere más importantes que construir resiliencia en nuestros hijos.

Construir la resiliencia en los jóvenes mejora su funcionamiento social y emocional, lo cual reducirá significativamente sus posibilidades de experimentar problemas psicológicos más adelante, como estrés, ansiedad, tropiezos en sus relaciones y depresión, así como caer en mecanismos de defensa poco efectivos y dañinos, como las drogas y el alcohol.

Los niños con resiliencia son aquellos que pueden tomar decisiones, resistir la presión y actuar de forma independiente. Los siguientes ejercicios te ayudarán a construir estas fortalezas:

✿ Cuando tengas tiempo, dale a tu hijo pequeño la oportunidad de elegir; esto podría incluir qué ponerse, qué no ponerse, adónde ir a pasear. Es buena idea ofrecerle dos o tres opciones.
✿ De nuevo con tu hijo pequeño, piensa en una tarea útil que le permita tener la sensación de que domina algo. Cuando estés arreglando el jardín, haz que él riegue las plantas. Si estás limpiando la cocina, puede ayudarte guardando los recipientes en el cajón o puerta correcta.
✿ Con los hijos mayores, es buena idea ponerlos a pensar en cómo resolver un problema antes de que ocurra realmente. Puedes convertirlo en un juego de pensar durante la cena o mientras van en el auto, con preguntas como:
  ✿ ¿Qué harías si le estuvieran haciendo *bullying* a alguien en tu escuela?

✦ Imagina que un maestro quiere que suplas a alguien en el coro durante una presentación, pero otro quiere que termines un proyecto esa misma noche. ¿Qué harías?

✦ ¿Qué le dirías a un amigo que te reta a saltar al agua desde unas rocas en la playa aunque haya un letrero que lo prohíbe?

Mantente cerca de tu hijo conforme va creciendo. Su capacidad para reflexionar y su necesidad de control cambian todo el tiempo. Al darle tareas cada vez más complejas, le estás diciendo que crees en su capacidad para manejar diversas situaciones con inteligencia, sabiduría y resiliencia.

33. Refuerza el optimismo y la esperanza cuando las cosas salen mal

Hay maneras útiles e inútiles para interpretar los eventos y, como padres, es nuestro deber ayudar a nuestros hijos a interpretar lo que pasa a su alrededor de la manera más útil posible, así como la que más felicidad les provea. Piensa en estas tres formas de interpretar los eventos:

☆ Permanente versus temporal
☆ General versus específica
☆ Interna versus externa

Las personas susceptibles a la depresión pueden interpretar los eventos negativos de una forma permanente, general e interna. Están convencidas de que esa experiencia negativa será para siempre (interpretación permanente), que las cosas siempre salen mal (interpretación general) y que todo es su culpa (interpretación interna).

En contraste, alguien con una visión más positiva tenderá a interpretar los eventos de forma temporal, específica y externa. Sabe que la experiencia negativa no será para siempre (interpretación temporal); que sólo una cosa y no todo ha salido mal (interpretación específica), y que probablemente no es su culpa, sino un resultado de las circunstancias (interpretación externa).

Como ya se ha dicho, venimos a este mundo con propensión ya sea al optimismo o al pesimismo, pero es posible aprender a pensar de una manera más positiva y a enfrentar los problemas usando el modelo temporal/específico/externo. Cuando se trata de nuestros hijos, lo mejor que podemos hacer es modelar su optimismo y dejar que nos vean interpretando y enfrentando los eventos difíciles de la manera antes mencionada. Además de eso, hay ejercicios específicos que podemos hacer con nuestros hijos para mejorar sus niveles de optimismo:

✩ Crear un «diario de eventos positivos»: cada noche pídele a tu hijo que escriba en una libreta de tres a cinco eventos positivos que pasaron durante el día.

✩ El «diario de la gratitud» sigue una rutina similar: todos los días pídele a tu hijo que enliste tres cosas de su vida por las cuales está agradecido.

✩ La «lectura positiva» simplemente es discutir libros que tu hijo ha leído (o que tú le has leído), enfocándose en los mensajes positivos que ofrecen.

✩ Imaginar y discutir con tu hijo un «buen futuro» es un gran ejercicio para pensar en sus planes a largo plazo; a través de esta práctica, lo motivarás a imaginarse el mejor y más hermoso futuro posible. Tu tarea aquí no es regular su entusiasmo, sino animarlo a imaginar tantas cosas positivas como le sea posible. ¡Este ejercicio no necesita para nada ser realista!

34. Identifica las emociones negativas

Muchas personas al conocerme me preguntan si soy feliz todo el tiempo. Como humanos experimentamos una amplia gama de emociones, tanto positivas como negativas, y yo creo firmemente que parte de nuestro papel como padres es ayudar a nuestros hijos a entender toda la variedad de emociones que podrían experimentar, para luego expresarlas y manejarlas apropiadamente. De hecho, las llamadas «emociones negativas» no tienen que ser negativas en realidad; sólo necesitamos usarlas como señales de que algo debe ser atendido o modificado y, con suerte, podremos aprender de ellas y mejorar de alguna manera.

Cuando mi hijo me preguntó por qué a veces me enojo con él si soy un «doctor de la felicidad», vi la oportunidad perfecta para reforzar este punto. Le expliqué que todos sentimos emociones negativas como el enojo algunas veces y que esto es completamente normal. Lo importante no es que a veces me enoje, sino que evite que mi enojo me domine, que no lo exprese de forma violenta o agresiva y que explique por qué me siento así con las personas involucradas. Enfaticé que las emociones negativas por lo general se relacionan con una conducta específica y no con la persona como un todo. En otras palabras, estar enojado con alguien no excluye que al mismo tiempo lo ames como persona.

35. Acepta las emociones negativas

Como discutimos en la página 68, es importante tener expectativas realistas de lo que puede depararte la vida. Con esto en mente, debemos enseñarles a nuestros hijos que su meta no debe ser sentirse felices *todo el tiempo*, pues esta expectativa poco realista sólo generará decepciones y frustración. En lugar de eso, la meta que deben (y debemos) poner en claro y por la que deben luchar es sentirse felices *tan frecuente como sea posible*; aceptar que habrá momentos en los que no se sentirán tan bien, y aprender a responder y manejar estos momentos de la mejor manera.

¿Cómo ayudamos a nuestros hijos a lograr esto? Una manera es considerar cómo es que respondemos nosotros a las expresiones de angustia inapropiadas y a las conductas inadecuadas. En mi experiencia, muchos niños reciben castigos cuando muestran su angustia y otros ejemplos de conductas difíciles. En la mayoría de los casos, los berrinches, el desánimo y las malas calificaciones simplemente deberían ser ignorados, aunque los padres tienen que ponerse en acción cuando un niño se vuelve agresivo verbal o físicamente (ver la página 76). Las conductas negativas comúnmente no son más que una forma inapropiada de llamar la atención. Si el niño no recibe una recompensa, por lo general la conducta desaparecerá considerablemente rápido.

Carrie tiene cinco hijos de entre 8 y 16 años. Sus amigas siempre le preguntan cómo lo hace. La respuesta de Carrie es que se enfoca en lo bueno e intenta no ponerle mucha atención a los sentimentalismos, las lágrimas y los dramas cotidianos. Su primer hijo era muy berrinchudo de bebé. Carrie se enojaba, se avergonzaba de su conducta e intentaba corregirla. Sin embargo, conforme fue llegando cada hijo, comenzó a ver que eso es algo que hacen los niños cuando están cansados o frustrados. Empezó a referirse a esos momentos como tormentas pasajeras y ahora toda la familia les dice así. Cuando su hijo de 16 años azota una puerta, su hijo menor dice: «Se aproxima un sistema de baja presión». Además, Carrie tiene una regla de oro: «no hables con el berrinche». En otras palabras, ella no discute con un niño que está en el punto más alto de su enojo y espera hasta que se calme para comenzar una discusión. Carrie ha descubierto que esto funciona muy bien para tratar con sus adolescentes y ellos han logrado ver que, aunque está bien sentirse malhumorados, decaídos o agobiados, eso no necesariamente les garantizará que todos les vayan a hacer caso.

36. Maneja las emociones negativas

Saber y entender que los niños experimentarán emociones negativas no significa que como padres tengamos que aceptar cualquier conducta. Por ejemplo, si mi hijo no logra algo que quería, es comprensible que pueda experimentar cierto grado de frustración o molestia; lo que no es razonable es que grite, chille y le pegue a la gente. La conducta en esta circunstancia no ayuda en nada y sólo sirve para exacerbar la situación, pero eso no quiere decir que la primera reacción emocional de mi hijo haya estado equivocada.

Hay muchas formas para ayudar a tu hijo a manejar sus emociones. Con los más pequeños puedes usar rompecabezas, libros, imágenes y música para explicarles las diferentes emociones y para hablarles de cómo las expresan las personas. Prueba lo siguiente con tus hijos más pequeños:

- ✩ Bailen canciones alegres y tristes; luego hablen sobre las diferencias.
- ✩ Miren imágenes de rostros que muestren distintos tipos de emociones.
- ✩ Armen rompecabezas juntos y observa el punto en el que tu hijo se frustra. Muéstrale cómo continuar con el rompecabezas y hablen acerca de que todos enfrentan sentimientos difíciles en algún momento.
- ✩ Lean libros como *Donde viven los monstruos*, de Maurice Sendak, la clásica historia de un niño que se va a la cama sin cenar porque fue grosero con su mamá y cómo logra vencer su enojo a través de su gran imaginación.

A los niños mayores les enseñan a manejar sus emociones negativas en la escuela y a través de actividades como los deportes. Los deportes en equipo son particularmente buenos para esto. Ofrecen reglas claras y una oportunidad para que los niños aprendan que, si como jugadores ceden a sus frustraciones, perderán y defraudarán a su equipo. Claro que eso no ha evitado que muchos profesionales pierdan los estribos en la cancha, pero hasta esos momentos pueden ser educativos. Si ves un partido con tu hijo, puedes señalarle cómo trabajan los jugadores individuales para manejar su enojo y decepción, además de discutir qué pasa cuando no logran hacerlo.

Es claro que, al igual que con los hijos más pequeños, el mejor modelo eres tú. Deja que tu hijo te vea enojado, frustrado o triste, pero también permite que te vea manejando estos momentos de forma competente y madura.

37. Provéele reacciones alternativas a tu hijo

A veces se nos olvida que los niños no siempre pueden regular sus emociones (y, a decir verdad, tampoco todos los adultos). Por eso, cuando nuestros hijos reaccionan a la frustración o a la decepción de una forma que nos parece inapropiada, podríamos pensar que lo mejor sería castigarlos. No obstante, si no les enseñemos reacciones alternativas, nunca aprenderán qué otra cosa pueden hacer.

Aquí hay algunas opciones para ayudar a tu hijo a tener mejores reacciones a las emociones negativas:

☆ En vez de gritar y vociferar, tu hijo puede intentar respirar lentamente o darse un «tiempo fuera» (que no sólo debe ser visto como castigo, sino también como una estrategia para tranquilizarse y repensar una situación).

☆ En vez de pedir las cosas de forma grosera, tu hijo puede decir por favor y gracias.

☆ En vez de golpear a alguien, tu hijo puede pedir las cosas de manera que tenga más probabilidades de generar resultados sin causarle daño a nadie.

Obviamente, promover estas reacciones alternativas es sólo parte del proceso; como padre, es tu trabajo predicar con el ejemplo y demostrar a diario las respuestas adecuadas para que tu hijo las siga.

38. Anima a tu hijo a encontrarle soluciones a sus problemas

Las emociones positivas nos ayudan a pensar de forma creativa en soluciones para nuestros problemas, a disminuir los efectos del estrés y a facilitarnos el proceso de soportar los tiempos difíciles. Aquí van algunos conceptos e ideas que puedes enseñarle a tu hijo para ayudarlo a enfrentar los problemas:

☆ La gente feliz y con resiliencia no siempre enfrenta todo sola, sino que pide ayuda. Anima a tu hijo a usar su red de apoyo, la cual obviamente te incluye a ti.

☆ Ayuda a tu hijo a evitar obsesionarse con el pasado; en su lugar, enséñale a aprender de sus experiencias: reflexionen qué salió bien, qué no salió tan bien y qué podría hacer distinto si tuviera la oportunidad de repetirlo. Esto debe presentarse de una forma positiva y comprensiva en vez de con críticas.

☆ Enséñale a tu hijo que el cambio es inevitable y que es una oportunidad para mejorar y beneficiarse de él.

☆ Recuérdale que no pierda de vista sus metas y que está bien tropezar de vez en vez, siempre y cuando vuelva a levantarse. Enséñale que pocas personas logran el éxito sin experimentar el fracaso y que éste debe verse simplemente como una parte del camino.

☆ Anima a tu hijo a enfocarse en lo que *puede* hacer, en vez de lo que *no puede* hacer en situaciones difíciles.

39. Promueve la perseverancia

Un problema que muchos padres enfrentan es cómo determinar cuánto más impulsar a sus hijos a continuar con una actividad que les está costando trabajo. Esto suele ocurrir cuando un niño comienza a tocar un instrumento o empieza a desarrollar un nuevo pasatiempo o interés. Es importante recordar que algunas de las cosas que necesitamos hacer para tener una mejor vida pueden ser incómodas o difíciles al principio, pero, en la mayoría de los casos, si practicamos estas habilidades, inevitablemente mejoraremos ¡y las disfrutaremos más!

Considera los siguientes puntos cuando pienses en cómo promover la perseverancia de tu hijo:

- ✩ ¿Lo estás animando a hacer una actividad que te gusta más a ti que a él?
- ✩ ¿Está trabajando con sus fortalezas?
- ✩ Si se está quejando o aburriendo, ¿hay alguna forma de hacer que la actividad sea más desafiante?
- ✩ ¿Hay una mejor manera para organizar el tiempo de práctica a fin de mejorar sus habilidades y generarle un mayor sentido de dominio?
- ✩ ¿Hay alguien a quien tu hijo admire y que pueda servirle como modelo a seguir?
- ✩ ¿Felicitas a tu hijo cuando lo hace bien? ¿Está recibiendo suficientes ánimos y apoyo?

Julián comenzó a jugar futbol cuando tenía ocho años. Muchos de sus compañeros de equipo llevaban ya un par de años jugando y él sentía que no era muy bueno en comparación con ellos. Comenzó diciendo que no quería ir a la práctica ni a los partidos porque no le gustaba el futbol. Su padre, David, le pidió que esperara un mes antes de renunciar. Un par de veces a la semana, David llevaba a Julián al parque a practicar sus tiros. Las habilidades de Julián se desarrolla-

ron y comenzó a sentirse más confiado. Justo antes de que terminara el mes, Julián metió un gol en un juego. Claro que después de eso ni siquiera volvió a mencionar la idea de renunciar. David habló con Julián sobre cómo la práctica genera logros y comentó que, si hubiera renunciado cuando quiso hacerlo, no habría sabido cómo se siente lograr lo que ahora había conseguido.

40. Aprecia todas las formas de felicidad

Como padres, nuestro objetivo es criar hijos felices con expectativas realistas y entendimiento de todas las emociones que experimentarán a lo largo de su vida.

La felicidad es mucho más que simplemente las formas obvias de emociones positivas como alegría, placer y entusiasmo; necesitamos reconocer, reforzar y fomentar que nuestros niños aprecien otras formas saludables de felicidad tales como la calma, la conformidad, la satisfacción, el amor, la pasión y muchas otras.

La felicidad no sólo viene de las emociones, sino también de las sensaciones que nos proveen las experiencias positivas: el sabor de una deliciosa rebanada de pastel, la sensación de un baño caliente o los sonidos de las aves y el viento cuando caminas por el parque. Es importante mostrarles a nuestros hijos cómo disfrutar estas sensaciones, deteniéndose para apreciar la experiencia en toda su magnitud.

En estos días estamos tan ocupados que, por lo general, le damos más valor a la velocidad que a la atención y la conciencia plena, e inadvertidamente podemos prestarle más atención a las cosas negativas que pasan en el día que a las positivas. Sin embargo, son estas emociones positivas las que nos permiten disfrutar de una buena experiencia de vida.

Para ayudar a tu hijo a detenerse y apreciar los placeres de la vida diaria, prueba con lo siguiente:

- ✩ Vayan a comprar comida juntos y elijan ingredientes interesantes, quizá una fruta que no compres normalmente o un pan diferente. Cuando lleguen a casa, prueben lo que compraron. Comenten sobre el sabor, la textura y el aroma de la comida.
- ✩ Cocina algo con tu hijo de principio a fin. Hablen sobre los ingredientes y el proceso de elaboración. Compartan la comida como familia y hablen sobre cómo los distintos ingredientes contribuyeron al sabor general.

✩ Pasen tiempo con un juguete especial. Pregúntale a tu hija qué le gusta de ese juguete en particular. Hablen sobre su procedencia y cómo se siente ella cuando juega con él.

✩ Vayan a caminar y hablen sobre las distintas cosas que ven. Comenten el clima: ¿hace calor o frío?, ¿está húmedo o hay viento? Noten a la gente que se encuentran a su paso y creen historias sobre el lugar de dónde vienen o hacia dónde van en su camino.

✩ Vayan a una galería de arte o a un museo y observen detenidamente algunas obras. A tu hijo podría gustarle llevar una libreta y un lápiz para dibujar lo que ve. Pregúntale qué es lo que le gusta de una obra en particular y cómo se imagina que la hicieron. Cuando lleguen a casa, pregúntale a tu hijo si quiere crear algo similar.

20 maneras de establecer límites positivos

Establecer los límites correctos es posiblemente una de las tareas más difíciles e importantes de la crianza. Queremos que nuestros hijos sientan que son parte de nuestras vidas, que puedan expresarse, así como ser claros sobre lo que quieren y lo que necesitan. Al mismo tiempo, sabemos que deben aprender a seguir las reglas además de considerar las necesidades y deseos de los demás. Establecer límites toma tiempo. Necesitarás ser paciente, estar presente y ser persistente; además, deberás guiarlos con el ejemplo. La buena noticia es que establecer límites claros y reglas sensibles cambiará la relación diaria que tienes con tus hijos. Ellos sabrán qué esperar, lo cual limitará la necesidad de constantes instrucciones y regaños; también los ayudará a tener conversaciones más enriquecedoras y a disfrutar más de su mutua compañía.

41. Modela conductas y actitudes apropiadas

Al trabajar con organizaciones que promueven valores como «cuidado de su gente» y «equilibrio trabajo-vida», frecuentemente me sorprende darme cuenta de que sus altos ejecutivos y jefes trabajan hasta después de las 9, 10 o incluso 11 de la noche. ¿Qué mensaje crees que esto les envía a los empleados?

Igualmente, hay muchos padres que dicen que sus hijos son su máxima prioridad, pero les cuesta trabajo pasar tiempo con ellos y, cuando lo hacen, están pensando en otras cosas como el trabajo. Lo sé porque ¡soy culpable de haberlo hecho varias veces!

La consistencia lleva a la felicidad y a criar hijos felices. La clave es elegir valores específicos y luego poner en práctica las conductas que sostendrán esos valores.

Los niños son como esponjas: están listos para absorber todo lo que los rodea, así que debes encontrar maneras de mostrarles tus valores tan consistentemente como sea posible. Considera las siguientes sugerencias al modelar conductas apropiadas:

☆ Si tu hijo te grita a ti o a alguien más, en lugar de castigarlo promueve, sugiere o modela una respuesta alternativa menos agresiva y más útil.

☆ En vez de castigar a tu hijo por no compartir sus juguetes, ayúdalo a negociar con sus hermanos o amigos para que todos encuentren algo con qué jugar.

☆ Muéstrale a tu hijo lo que puede hacer bien en vez de señalarle lo que hizo mal.

Libby es muy cercana a su hija de 13 años, Ruby. Trabaja tiempo completo, pero siempre ha sido consciente de la necesidad de hacerse tiempo para su hija. Durante la cena hablan sobre cómo le fue en la escuela a Ruby, sobre sus amigos, maestros, clases y otros aconte-

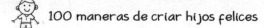
cimientos interesantes. Ruby ha tenido problemas en la escuela en distintos momentos, pero Libby siempre se esfuerza por mantenerse tranquila y propositiva, así que ha hablado con ella sobre los errores cometidos y luego juntas piensan cómo afrontar el problema. Como madre soltera y sin más familia, Libby sabe que ella es todo lo que Ruby tiene en cuanto a modelos familiares. Está muy consciente de que su hija observa cómo ella enfrenta situaciones difíciles, como los problemas de dinero o un mal día en el trabajo. Por esto, procura dejarle en claro a Ruby que éstos son problemas temporales, que muy probablemente se resolverán en unos cuantos días o semanas, y no son cosas por las que haya que agobiarse. Como consecuencia, Ruby ha aprendido a enfrentar con seguridad los problemas que van apareciendo a su paso. Los maestros y otros padres suelen comentar la madurez, la visión positiva y el gran conocimiento de sí misma que posee Ruby.

42. Define límites y estructuras

Un error común que cometen los padres es no ofrecer estructuras razonables y consistentes en su vida familiar, lo cual puede generar confusión e incertidumbre. Con estructuras me refiero a rutinas en las que los niños puedan confiar y consecuencias claras para las conductas difíciles o descuidadas (ve a la página 91).

Me encantan las estructuras, pero también creo en la moderación. No estoy sugiriendo que todos nos obsesionemos con controlar cada aspecto de nuestras vidas, pero sí creo que los niños (y muchos adultos) funcionan mejor cuando se sienten seguros y protegidos por una estructura razonable. El siguiente ejemplo resalta esto:

Para un experimento, los investigadores prepararon un picnic con varias familias. Los padres se reunieron en el centro de un área al aire libre y a sus hijos se les animó a jugar y correr por donde quisieran. Pese a no tener restricciones, los niños se quedaron relativamente cerca de sus padres.

Este escenario se repitió, pero esta vez se erigió una clara barrera física alrededor del área de picnic. De nuevo, a los niños se les animó a jugar donde quisieran. Esta vez, los niños fueron mucho más lejos, explorando el área de juegos ahora bien definida por la barrera.

¿Qué podemos aprender de esto? Los niños disfrutan de más libertad cuando los límites son claros; nuestros hijos tienen más posibilidades de sentirse seguros, protegidos y felices cuando saben qué es lo que tienen permitido hacer y cuentan con reglas claras. Entonces, en vez de limitar su libertad, la estructura la procura.

Exploremos un poco más algunos mitos (así como sus versiones alternas) que impiden que los padres ofrezcan estructuras útiles y apropiadas para la vida de sus hijos.

Mito: Es muy difícil (o es mucho trabajo).
Respuesta: Un poco de esfuerzo ahora implica menos esfuerzo (y mayores recompensas) más tarde.

Desarrollar una estructura constructiva para la disciplina positiva requiere esfuerzo, especialmente si no lo has hecho antes, pero cuando ya estableciste las bases, los beneficios son inmensos e invaluables.

Mito: La estructura coartará la creatividad de mi hijo.
Respuesta: La estructura ofrece libertad.

Así como los cursos de arte comienzan con una exploración de colores o con dibujos básicos, un nivel prudente de estructura crea una base sólida para el crecimiento; después de todo, ¿cómo puedes jugar exitosamente si no conoces las reglas del juego?

Mito: Es saludable tener algo de espontaneidad en la vida.
Respuesta: Claro que sí... pero una vida sin estructura es caótica y el caos no es saludable.

Mito: Imponer una estructura sólo generará conflictos.
Respuesta: Quizá, pero sólo a corto plazo.

Un clásico ejemplo del malestar a corto plazo que genera ganancias a la larga es el llanto controlado en los bebés: a corto plazo, este proceso puede ser muy estresante para todos los involucrados, pero cuando se usa apropiadamente puede ser muy efectivo y beneficioso a la larga. El mismo principio aplica en las áreas de la vida familiar en las cuales la estructura probablemente será beneficiosa.

Mito: No tiene caso intentar generar una estructura porque mi pareja no me va a apoyar.
Respuesta: Algo es mejor que nada.

Idealmente, ambos padres deberían estar de acuerdo en participar y aplicar equitativamente estas estrategias pero, si esto no es posible, aún vale la pena intentarlo. Siempre existe la posibilidad de que tu pareja disfrute los beneficios de tus esfuerzos y quiera involucrarse.

43. La molestia a corto plazo trae ganancias a largo plazo

Para criar hijos felices, ocasionalmente necesitarás emplear estrategias a largo plazo que no necesariamente son la opción más sencilla. De hecho, como muchas de las recomendaciones de este libro, será un reto aplicarlas consistentemente, pero construir el andamiaje correcto, lo cual incluye clarificar las prioridades y desarrollar hábitos efectivos y útiles, definitivamente valdrá la pena a la larga. No digo que será fácil, pero sin duda valdrá la pena.

Prueba con este sencillo ejercicio que te permite trabajar en una estrategia a largo plazo sin sentirte abrumado. Esto debe involucrar a ambos padres. Elige un asunto que te preocupe, por ejemplo, que tu hijo de siete años pierda sus cosas todo el tiempo. Piensa cuidadosamente en una expectativa razonable para un niño de su edad y, si no estás seguro, habla con el maestro de tu hijo. La mayoría de los maestros esperarán que un niño de siete años pueda cuidar su gorra y guardar su lonchera en la mochila. Infórmale claramente a tu hijo que esto es lo que esperas. Cuando se vaya a la escuela cada mañana, recuérdale esta expectativa. Crea un sistema de recompensas, por ejemplo, una estrella dorada en una gráfica por cada día que vuelva a casa con su gorra y su lonchera. No olvides felicitarlo cuando lo haga. Cuando tu hijo consiga, digamos, 20 estrellas consecutivas, dale un detalle pequeño pero especial; quizá podrían hacer una piyamada o ir de excursión. Pero recuerda: frecuentemente no es la recompensa misma lo que le encanta al niño, sino el hecho de que se le está reconociendo por lograr algo significativo.

Generalmente, al trabajar en un solo problema a la vez, la conducta de tu hijo mejora en todos los aspectos. Puede parecer demasiado trabajo para ti pero, si lo ves desde una perspectiva a largo plazo, es mucho más fácil que tener que señalar, regañar o corregir constantemente a tu hijo por los mismos problemas, además de ser mucho más sano para tu relación con él.

44. Ofrece disciplina y alternativas positivas

Cuando tu hijo se comporta de una forma que no te hace feliz, vale la pena probar con varias estrategias de distracción (dependiendo de su edad) antes de considerar opciones disciplinarias. Es importante recordar que los niños cometen errores; no necesariamente necesitas responder formalmente a cada conducta inapropiada. En vez de eso, algunas veces es más fácil y efectivo minimizar la situación y seguir adelante.

Hay varias maneras sencillas de lograrlo, por ejemplo:

☆ Cambiar el tema de conversación.
☆ Dirigir a tu hijo hacia una nueva actividad o tarea.
☆ Preguntarle algo que sabes que le interesará.

La mayoría de las personas tendemos a lidiar mal con las cosas cuando estamos molestas. Usar la distracción puede reducir la intensidad del enojo, permitiéndole a tu hijo que se calme lo suficiente para trabajar constructivamente en el problema.

Vince y Ángela tienen dos hijos seguros, inteligentes y enfocados: una niña de 10 años y un niño de 7. El otro lado de la moneda de estas cualidades positivas es que ambos niños son muy tercos; así ha sido desde que eran muy pequeños. Vince y Ángela solían debatir y negociar con sus hijos en cada problema que tenían, a lo cual se referían como «el estilo de las Naciones Unidas». Pero luego se dieron cuenta de que algunos problemas había que resolverlos de forma rápida y eficiente, como de quién es un juguete, qué programa de televisión verán y qué ropa ponerse. Ahora, cuando sienten que está por surgir una disputa sobre un tema menor, estos padres usan la distracción. Por ejemplo, un día que los niños estaban peleándose por un juguete, Ángela se los quitó, lo puso en una repisa alta y luego sugirió que mejor salieran a caminar. En otra ocasión su hija de 10 años estaba quejándose mientras hacían las compras porque no podía comprar una prenda de ropa que a Ángela le parecía inapropiada. De pronto Ángela recordó que tenían que elegir un regalo para el cumpleaños de la abuela y le pidió a su hija que la ayudara. Al enfrentar los problemas menores de esta manera, Vince y Ángela pueden pasar más tiempo en debates positivos con sus hijos sobre temas como libros, salidas, escuela y amigos.

45. La disciplina no necesita del castigo corporal

Creo que la disciplina es esencial para criar hijos felices y que puede y debe ser una experiencia positiva tanto para los niños como para sus padres. Si se realiza adecuadamente (recalcando que no hay ninguna necesidad de que involucre contacto físico ni dolor), la disciplina ofrece una estructura que ayuda y da seguridad a todos los involucrados.

En la página 89 presenté las maneras en que la estructura ofrece libertad y en que el orden promueve la creatividad. A decir verdad, la disciplina no es diferente: cuando se aplica apropiadamente, es muy positiva.

Me gustaría compartir este consejo práctico y constructivo de Leora, una madre y suscriptora del boletín del Instituto de la Felicidad. Ella envió esta reflexión como respuesta a la solicitud de consejos positivos de crianza de uno de nuestros lectores:

> Identifica cuando tus hijos están cansados o no se sienten al cien por ciento; en estos momentos tienes permitido ser un poco inconsistente con tus reglas. Como adultos, sabemos cuándo nos sentimos cansados y ajustamos nuestras actividades de acuerdo con ello. Los niños no pueden expresar esto. Por ello, cuando se estén comportando «raro», dales cariño; no es momento para ganar la guerra de «No puedes ver la televisión».

Los límites y las reglas ayudan a crear seguridad, pero ser flexible y leer las señales de tus hijos les permitirá reconocer lo que sienten y les demostrará que los entiendes. Recuerda que los niños también tienen días malos.

46. Equilibra la consistencia con la flexibilidad

Uno de los retos constantes para los padres es encontrar el equilibrio entre la consistencia y la flexibilidad. No hay una solución fácil al problema de cuándo empecinarse y cuándo ceder un poco, pero, mientras entiendas la necesidad de equilibrio, probablemente darás en el blanco. Como padres, ¡debemos recordar que no acertaremos el cien por ciento del tiempo!

¿Cómo logramos la consistencia? Si estás criando a tu hijo con tu pareja, intenten portarse como si fueran uno mismo. Puede que tengan estilos de crianza ligeramente distintos; eso está bien, pero su acercamiento básico no debe diferir de forma significativa.

Otra cosa para tener en mente es que la consistencia no significa tratar a todos tus hijos por igual. Cada niño es único y responderá a su manera a distintos enfoques (y castigos). Tus respuestas deben estar hechas a la medida del género, la personalidad y las necesidades de tu hijo. Explícales por qué consideras importante ofrecerles respuestas distintas y sé consistente en tus principios y filosofías básicas.

47. Refuerzos positivos: ¿qué son?

Una de las maneras más poderosas para guiar a tu hijo hacia las conductas deseables es usar los refuerzos positivos. Los refuerzos positivos se dan cuando una conducta en particular es seguida de una respuesta (llamada refuerzo) que está designada para aumentar las posibilidades de que esa conducta se repita.

Por ejemplo, imaginemos que cada que un niño levanta la mano para responder una pregunta en su salón de clases le dan 10 centavos. No tomaría mucho tiempo antes de que todos los niños intenten responder más preguntas. En este caso, los 10 centavos se convirtieron en el refuerzo para motivar su participación y, claro, el deseo de responder preguntas.

Algunos padres y expertos creen que recompensar a los niños por las buenas conductas no es buena idea porque disminuye su motivación para hacer las cosas porque saben que es lo correcto, en vez de porque van a recibir una recompensa.

Las recompensas sí pueden tener una influencia negativa en la motivación de un niño para realizar una tarea si (a) la recompensa no se relaciona directamente con una conducta específica, o (b) la recompensa no es tangible. Estos problemas pueden evitarse fácilmente al no ofrecer recompensas para conductas que tu hijo ya hace correctamente, así como al usar criterios claros y específicos de reforzamiento. En general, cuando se usan de manera correcta, las recompensas no tienen una influencia negativa o dañina en la motivación de un niño para realizar una tarea.

Dos de los refuerzos más poderosos para los niños son el reconocimiento y la atención. Nunca subestimes el poder de un simple «bien hecho». Felicita a tu hijo cuando tenga conductas serviciales y alegres e ignóralo cuando haga cosas que consideres indeseables. Usar los refuerzos positivos para promover buenas conductas es mucho más efectivo que usar castigos para reducir las conductas negativas. En pocas palabras, tendrás mucho más éxito (y felicidad) si te enfocas en lo que está bien más que en lo que está mal. Lee el siguiente capítulo para aprender a poner en acción los refuerzos positivos (ve a la página 98).

«No le eches leña al fuego» es uno de los consejos de crianza favoritos de Paul. Tiene tres hijos de menos de cinco años y se ha convertido en un experto para saber a qué ponerle atención y qué ignorar. Como los niños son tan cercanos en edades, la atención paterna es un lujo muy preciado. Paul ha descubierto que ponerle atención a las conductas positivas (notar cuando uno de los chicos se termina toda la cena, se pone sus zapatos solo o recoge sus juguetes) es una manera muy efectiva de asegurar que esa conducta deseable continúe. En contraste, ignorar a un niño que está siendo demasiado remilgoso o mandón parece ser todo el castigo que se requiere en la mayoría de los casos, aunque Paul siempre interviene cuando uno de los chicos se pone agresivo verbal o físicamente.

48. Refuerzos positivos: ¿cómo hacerlos?

Dado el increíble potencial y poder de los refuerzos positivos en el juego, el desarrollo y la construcción de la felicidad (ve a la página 96), creo que vale la pena ofrecer un breve resumen de los puntos clave:

- ✩ La recompensa debe ser algo que sea claramente positivo para el receptor y no necesariamente para quien lo ofrece. Por ejemplo, mi hija no es muy fanática del helado. Una vez, hace algún tiempo, le ofrecí llevarla por un helado como recompensa de algo que había hecho bien ¡y me rechazó la oferta!
- ✩ La recompensa debe entregarse tan inmediatamente como sea posible respecto a la conducta deseada que se está reconociendo. Como todo padre sabe, algo que pasó hace un par de horas, hace una hora y a veces hasta hace 10 minutos, es historia antigua para los niños. El poder del refuerzo se reduce significativamente entre más retrases la recompensa.
- ✩ Asegúrate de que el refuerzo sea obvio. Deja claro que estás haciendo lo que estás haciendo porque tu hijo hizo esa acción o conducta específica.
- ✩ Al inicio, el refuerzo debe entregarse tan frecuente y consistentemente como sea posible; con el tiempo la frecuencia deberá reducirse gradualmente hasta que finalmente se retire (aunque el reconocimiento debe continuarse indefinidamente, tan seguido como se pueda). En algún momento tu hijo aprenderá que vale la pena esa conducta simplemente porque es correcta o buena.

49. Acepta que los cambios toman tiempo

Si quieres cambiar algunos aspectos de la conducta de tu hijo, deberás aceptar que tomará tiempo. Después de todo, pocas personas logran cambiar de la noche a la mañana; todos necesitamos algo de tiempo para desarrollar nuevos hábitos.

Por ejemplo, a la mayoría de los niños le cuesta trabajo atrapar una pelota al principio, lo cual le deja dos opciones al padre o entrenador: puede esperar hasta que el niño logre atrapar correctamente la pelota para felicitarlo o puede recompensar sus intentos mientras aprende cómo atrapar la pelota. Claramente este último acercamiento es más efectivo y ofrece una mayor motivación para lograr el resultado deseado más pronto.

El truco de esto es ir subiendo el nivel gradualmente: al principio puedes recompensar a tu hijo por extender las manos; luego, cuando extienda las manos y toque la pelota; después, cuando cache la pelota algunas veces, y finalmente cuando atrape la pelota en la mayoría de las ocasiones.

Quizá podrías considerar usar una gráfica de estrellas para animar a tu hijo a lograr sus metas. Este método simple pero poderoso incorpora todos los principios del refuerzo positivo.

50. Dedica tiempo de calidad a tu hijo

Vivir en el presente es una importante estrategia para la felicidad, siempre y cuando tu meta no sea escapar de la vida sino vivirla al máximo.

Sé lo fácil que es distraerte cuando estás en casa con los niños. Parece que hubiera cientos de cosas que podrías o deberías estar haciendo en vez de jugar con ellos. Claro que necesitas tiempo para ti, pero recuerda que uno de los aspectos más importantes al criar hijos felices es pasar tiempo con ellos y que, al hacerlo, realmente estés con ellos.

¿Qué significa esto? Significa que te enfoques en ellos y en sus necesidades haciendo lo que ellos quieren y no necesariamente lo más fácil o conveniente para ti. Significa ponerte en su nivel, pensar a su manera e involucrarte por completo con ellos y con su energía.

Intenta lo siguiente al pasar tiempo con tu hijo:

- ✿ Apaga la televisión y deja tu teléfono donde no lo veas ni escuches.
- ✿ Olvídate de lo que crees que necesitas hacer más tarde y enfócate en lo que estás haciendo con tu hijo en ese momento.
- ✿ Cuando notes que te estás acelerando, estresando o confundiendo, detente un momento y respira profunda y lentamente tres veces. Esto puede bastar para tranquilizarte y poder volver al presente y enfocarte en tu hijo.
- ✿ Si tu hijo parece estar especialmente necesitado de atención, deja lo que estés haciendo y dedícale al menos cinco minutos para hacer algo que le guste.
- ✿ Cuando tengas la oportunidad, date unos minutos para simplemente ser tú mismo, para olvidarte de tus preocupaciones y responsabilidades.
- ✿ Tómate cinco minutos al despertar para pensar en lo que tienes que hacer e imagina resultados positivos para cada

actividad o tarea. Igualmente, date cinco minutos antes de dormir para repasar el día e identificar qué salió bien.

Nick trabaja 70 horas a la semana en su propio negocio, lo cual significa que su esposa se encarga de la casa. Todo iba bien hasta que su hijo mayor, Carl, de nueve años, comenzó a quejarse de que nunca pasaba suficiente tiempo con su papá y que los papás de sus amigos de la escuela hacían más cosas con sus hijos. Dada la cantidad de tiempo que Nick pasaba lejos de casa, tenía toda clase de cosas que hacer el fin de semana. En vez de botarlo todo, comenzó a involucrar a Carl en sus actividades. Se encargó de hacerlas divertidas e interesantes para que no sólo fueran trabajo pesado. Algo especial fue la construcción de unas repisas nuevas para el cuarto de los niños. Carl fue con su papá a la tlapalería, escogió la madera y luego ayudó a construirlas y barnizarlas. Además, Nick y su esposa crearon la regla de que medio día cada fin de semana se dedicaría a una actividad divertida o una salida, como ir a ver una película familiar, hacer un viaje a la playa, caminar por el campo o jugar algo.

51. Enséñale a tu hijo los beneficios de la conciencia plena

Practicar cómo ser un padre con conciencia plena (ve a la página 50) te ayudará a reducir y manejar los momentos estresantes, a disfrutar más los positivos y a ser en general un padre más eficiente.

Cuando sientas que ya dominas el concepto de la conciencia plena, también conocida como «estar en el momento» o «disfrutar el momento», muéstrale a tu hijo cómo puede beneficiarse de tener conciencia plena él también. Comienza con cosas simples que él pueda entender y, conforme se desarrolle, también lo harán las habilidades necesarias para apreciar completamente la conciencia plena:

- ☆ Comer con conciencia plena: anima a tu hijo a enfocarse en el sabor y la textura de su comida, en vez de ver televisión, leer o jugar mientras come.
- ☆ Caminar con conciencia plena: anima a tu hijo a ser consciente de los movimientos y los sonidos e imágenes que lo rodean mientras camina.
- ☆ Respirar con conciencia plena: anima a tu hijo a quedarse quieto por al menos un minuto y ser consciente de cómo su respiración entra y sale de su cuerpo.

52. Comprende y pon en práctica la consideración positiva incondicional

La consideración positiva incondicional es un término usado principalmente por los terapeutas que consideran que ofrecerle a su cliente aceptación positiva incondicional y evitar los juicios genera las mejores condiciones para lograr el crecimiento personal, pues todas las personas tienen los recursos interiores, las fortalezas y las habilidades que se necesitan para resolver sus propios dilemas y para ser su mejor versión posible.

Como terapeuta, entrenador y padre, creo que esta útil herramienta clínica también puede servir para la crianza, ¡y no necesitas ser un terapeuta certificado para que funcione! Simplemente:

- ✪ Acepta a tu hijo por quien es.
- ✪ Cree que al hacerlo estás aumentando las probabilidades de que sea su mejor versión posible.
- ✪ Busca evidencia de que tu hijo tiene todos los recursos que necesita para ser feliz y exitoso.
- ✪ Escucha sin hacer conjeturas y sin prejuzgar.

53. Ama tanto como puedas y luego ama un poco más

¿Cómo le haces saber a tu hijo que lo quieres? El amor escondido no sirve de mucho. El amor necesita verse, sentirse, escucharse, tocarse y vivirse. El amor necesita ser público y no siempre sutil. El amor, especialmente para los niños, debería celebrarse a voz en grito, por lo general en todas las circunstancias.

En mi experiencia, muchos padres no muestran su amor lo suficiente por diversas razones, incluyendo:

- ✩ Miedo de «arruinar» a sus hijos (esto aplica especialmente con varones).
- ✩ La creencia de que demasiado de algo bueno no es bueno.
- ✩ Incertidumbre sobre qué hacer, pues sus padres no sabían qué hacer y tampoco fungieron como modelos positivos.

En los últimos tiempos, las demostraciones públicas de las emociones se han vuelto poco populares. Aunque yo estoy a favor de controlar las emociones (especialmente las que son inapropiadas), no veo ninguna razón por la que deberíamos esconder nuestro amor, felicidad, alegría y pasión.

Cuando se trata de criar hijos felices, no hay duda de que los niños que crezcan en un entorno amoroso y positivo se beneficiarán de observar y experimentar estas emociones. Es más que probable que serán personas felices y, más adelante, padres más felices y mejores cuando llegue su turno.

54. Aplica la «Proporción Losada»

Para desarrollar y mejorar las relaciones positivas, la proporción de interacciones positivas a negativas debe ser de al menos cinco (positivas) a una (negativa) en nuestras relaciones personales y de tres a una en nuestras relaciones laborales. Esto es conocido como la «Proporción Losada», gracias al gran trabajo hecho por el psicólogo Marcial Losada.

No obstante, la triste realidad es que la mayoría de las personas en la mayoría de las relaciones ¡ni siquiera se acerca a eso! Una de las maneras más poderosas en las que podemos mejorar nuestras posibilidades de criar hijos felices es incrementar la proporción de emociones positivas frente a las negativas con ellos.

En esto está implícita la premisa de que la felicidad no es una búsqueda egoísta, sino que se enfoca en cuidar y preocuparse por los demás. Tiene sentido que la gente que es generosa, altruista, amorosa y compasiva sea más feliz que quien no lo es.

Cuando estés con tu hijo, trabaja a conciencia en incrementar la proporción de comentarios positivos (comparados con los negativos) que haces. Esto no significa que ignores los problemas, sino que te enfoques en ellos de forma positiva y constructiva.

55. Busca tiempo en cantidad tanto como tiempo de calidad

En los últimos años, la frase «tiempo de calidad» se ha vuelto cada vez más popular y, aunque reconozco que el tiempo de calidad es importante (ve a la página 100), no debemos ignorar el hecho de que aumentamos significativamente nuestras probabilidades de tener tiempo de calidad con nuestros hijos (o con cualquier persona, en realidad) si pasamos mucho rato con ellos.

El tiempo de calidad no sólo debería tratarse de llevar a tus hijos por helado, al cine o a comprar un nuevo juguete. Estas actividades son excelentes, pero también lo son los momentos y comentarios espontáneos durante la cena, mientras juegan en la tina, los accidentes graciosos que ocurren cuando están lavando juntos el carro, la plática que tienen cuando van caminando a la escuela o las increíbles reflexiones que surgen mientras simplemente dibujan en un papel con crayones.

La mayoría de los niños adora pasar tiempo con sus padres y la mayoría de los padres se siente igual respecto a pasar tiempo con sus hijos, así que todos ganan.

56. Habla con tu hijo

Si podemos hablar eficazmente con nuestros hijos y, por tanto, ellos pueden hablar eficazmente con nosotros, crecerán las probabilidades de que nuestros hijos puedan defender lo que creen y resistirse a que los lleven por mal camino.

Ayuda a tu hijo a identificar sus pensamientos antes, durante y después de las interacciones, especialmente las difíciles o complicadas. Ayúdalos a reconocer los pensamientos que no ayudan, tales como «no le voy a caer bien a nadie si...» o «si no hago lo que ellos hacen, me van a...», así como a confrontar estas ideas y reemplazarlas con otras más útiles, realistas y positivas (ve a la página 58).

Enséñale a tu hijo a defender sus opiniones, creencias y valores, además de a respetar el hecho de que muchas personas con las que se encontrará en la vida tendrán opiniones, creencias y valores distintos a los suyos, y eso está bien.

La mejor comunicación se da cuando todas las partes pueden mantener la calma. Esto no quiere decir que no deberíamos experimentar o expresar emociones, sino que es difícil manejar tus pensamientos, escuchar a los demás y ser apropiadamente asertivo si estás muy acelerado, emocional o molesto.

Pam tiene una hija de seis años muy brillante: Claire. Un día Claire le preguntó a su mamá por qué le decía gracias por hacer las cosas que debía hacer, como limpiar su cuarto. Como Claire señaló, nadie le dice gracias a Pam por ir a trabajar o echar a lavar la ropa. Pam y Claire hablaron sobre esto durante un rato y decidieron que Pam debería decir algo como: «Bien hecho» o «Que limpies tu cuarto me ayuda mucho».

57. Escucha a tu hijo

Como ya han dicho muchos antes que yo, debe haber una razón por la que tenemos dos oídos ¡y sólo una boca! Una manera de mostrarle a tu hijo que lo amas es escucharlo realmente. Durante décadas, los psicólogos han reconocido la importancia de una práctica que suele llamarse «escuchar activamente», pues comúnmente se considera que escuchar debe ser una actividad pasiva en la que nada más oyes lo que alguien tiene que decir sin hacer nada.

En cambio, escuchar activamente involucra lo siguiente:

✩ Dejar cualquier otra cosa que estés haciendo y mirar a la persona que te está hablando.

✩ Escuchar no sólo las palabras, sino también las emociones y el significado detrás de ellas.

✩ Interesarte en lo que la otra persona está diciendo.

✩ Si no tienes claro qué intentan decir, replantea lo que la otra persona dijo (por ejemplo, «Creo que lo que estás diciendo es...»).

✩ Haz preguntas y no temas reconocer si tu atención se desvió o si no comprendiste algo por completo.

✩ Sé consciente tanto de tus propios sentimientos como de tus opiniones y de cómo podrían afectar tu interpretación de lo que estás escuchando.

✩ Si tienes que decir tu punto de vista, hazlo hasta después de haber escuchado.

58. Sean familia: coman, jueguen y pasen tiempo juntos

Esta idea, en cierto sentido, es una extensión del tema del tiempo en cantidad (ver la página 106) frente al tiempo de calidad (ve a la página 100). También es más que eso, tal como un equipo deportivo es más que la suma de sus partes, un matrimonio es más que dos individuos y una familia es más que sólo padres e hijos.

Una familia feliz, en pocas palabras, está formada por personas que respetan la privacidad, individualidad, fortalezas y diferencias del otro, pero que además participan en actividades como una unidad. Como resultado, una familia feliz podría no estar de acuerdo a veces, pero también disfrutará las bondades de la colaboración y la interacción.

Ser familia implica participar en eventos y actividades especiales, pero también en tareas diarias y mundanas. Considera algunas de estas actividades que pueden hacer como familia:

✿ Planear, cocinar y disfrutar las comidas
✿ Arreglar, limpiar la casa, lavar el carro
✿ Salir a caminar
✿ Ir de excursión y tener aventuras
✿ Aprender cosas nuevas
✿ Escribir historias y hacer películas caseras
✿ Ver y jugar algún deporte
✿ Inventar obras de teatro, canciones y obras de arte
✿ Jugar

59. Recuerda divertirte

Jugar y divertirte puede hacerse de muchas formas. Además de todos los juegos y deportes formales que sin duda ya conoces, considera algunos de los ejemplos enlistados a continuación que pueden usarse para mejorar los ánimos durante la cena, mientras manejas o cuando vas caminando con tu hijo:

- ✩ El Juego de las Preguntas es un gran favorito de los niños; simplemente trata de hacerle preguntas apropiadas para su edad e intereses para que intente responderlas (nota: esto se trata de divertirse, no de competir).
- ✩ Inventar historias es muy divertido; incorporen personajes que se parezcan a miembros de la familia o eventos que hayan ocurrido recientemente en sus vidas.
- ✩ Hacer la pregunta «¿Qué es lo mejor que te pasó ayer, la semana pasada o el año pasado?» es una excelente manera para animar a los niños a tener una plática divertida y creativa.

Uno de los mayores beneficios alternos de enseñar o motivar a tu hijo a divertirse es que le ayudará a cultivar el sentido del humor, que es de nuestras mejores defensas contra la depresión y una excelente garantía de que podremos superar las situaciones difíciles. Abraham Lincoln fue uno de los personajes más famosos con depresión, pero también un hombre con un sentido del humor extremadamente bien desarrollado. Decía que se reía para no llorar y usaba el sentido del humor para «espantar la tristeza». La mayoría de los niños puede ser persuadida para que salga de un mal momento con una anécdota graciosa o una que otra broma. Un niño con buen sentido del humor aprenderá a ver el mundo como un lugar más cálido y amigable, y comenzará a aprender cómo negociar para salir de algunas de las situaciones más absurdas que son una parte inevitable de la vida diaria.

Es mucho más probable que la felicidad le llegue a quienes hacen cosas que a quienes las compran, así que enséñales a tus hijos el valor de involucrarse en todas las experiencias de la vida, de disfrutar y apreciar su esencia, en vez de enfocarse en tener posesiones materiales.

Los padres de Amy se divorciaron cuando ella tenía dos años. Su mamá nunca volvió a casarse, pero su papá lo hizo cuatro veces. Mientras crecía, Amy tuvo varias madrastras, un padrastro no oficial y diversos hermanos. El comentario que más escucha sobre su familia poco común es: «Eres sorprendentemente normal pese a todo», pero Amy siempre señala que le parece que es por su familia y no pese a ella que se ha desarrollado tan bien. Sus padres tenían mucho talento en el arte del humor autocrítico. En vez de intentar validar sus decisiones, las explicaban como parte de la vida. Siempre se aseguraron de que Amy se sintiera segura de su amor. La vida familiar, con ambos padres, a veces era impredecible y un tanto caótica, pero siempre fue cálida, amorosa y muy divertida. Lo más importante es que ningún padre criticó nunca al otro frente a Amy. Ella creció en el entendimiento de que sus padres, en especial el papá, no habían dominado del todo las claves del matrimonio, pero que ambos eran esencialmente buenas personas con muchísimo amor por su hija.

60. Deja que tu hijo sea niño

Mientras escribía este libro, me encontré con la historia del pequeño Johnny, que llegó a casa un día con un cono de helado en cada mano.

—¿Te gastaste todo tu dinero? —le preguntó su madre.

—Nop —dijo él—. No gasté nada.

—¿Alguien te compró esos conos de helado?

Johnny negó con la cabeza y, al ver que su madre se preocupaba, aclaró:

—Y no te preocupes, no me los robé.

—Entonces, ¿de dónde salieron? —preguntó ella.

—Tomé una nieve de chocolate con una mano y una nieve de vainilla con la otra; luego le dije a la vendedora que podía sacar el dinero de mi bolsillo pero que se cuidara de Frankie, mi araña mascota.

No estoy a favor del robo ni el engaño, pero no puedo evitar preguntarme si hay momentos en los que ignoramos o subestimamos la ingenuidad de nuestros hijos y calificamos la creatividad y los juegos como travesuras.

Los niños necesitan divertirse y jugar. A la mayoría le encantan los juegos, pero algunos padres pueden desanimarlos sin querer cuando insisten en la necesidad de ser serios. Convertir algo mundano en un juego puede ayudar a tu hijo a disfrutar tareas que de otro modo serían desagradables.

Marike es una australiana que vive en Tailandia. Tiene una hija de tres años llamada Cate. Marike ha aprendido mucho sobre crianza al relacionarse con las familias tailandesas. Le encanta la forma en que los niños son una parte integral de la vida familiar y no sólo seres que siempre luchan por atención. Marike ha intentado criar a Cate de la misma manera. Cuando sus amigos la visitan desde el extranjero, suelen comentar el hecho de que al parecer Cate nunca llora ni se queja ni se aburre y lo fácilmente que se relaciona con todos, ya sean adultos o niños.

Como Cate forma una parte tan importante de la vida y rutinas diarias de sus padres, sus juegos son una réplica de las actividades de ellos. Cate tiene muchos juguetes que le han regalado amigos y parientes de buena voluntad, pero a ella le gusta más «cocinar» al aire libre con algunas tazas rotas, hojas y moras o jugar a «la venta nocturna», en la que imita a su papá en su tienda del mercado.

20 maneras de hacer que el aprendizaje sea seguro y divertido

Esta sección se enfoca en toda clase de aprendizajes, no sólo en el que ocurre en la escuela. Desde el momento en que un niño nace, comienza a aprender. Lo que aprende es importante, pero lo que cuenta más es la forma en que lo aprende. Si aprender es divertido, seguro y también apropiado para el nivel de desarrollo, los intereses y el temperamento del niño, la experiencia será algo que querrá repetir a través de su vida. Los padres pueden sentir que no tienen control cuando se trata de la enseñanza escolar; sin embargo, pueden tener un gran impacto en la manera en que los niños aprenden, cultivando los valores correctos, creando un entorno alentador en casa y desarrollando relaciones positivas y constructivas con las personas de la comunidad educativa de su hijo.

61. Cultiva el amor por el aprendizaje

No debería sorprenderte escuchar que los niños aprenden más y tienen un mejor desempeño académico si son felices. Desde hace décadas sabemos que en un contexto de «entrenamiento» las personas aprenden mejor si se están divirtiendo porque, cuando se la pasan bien, suelen tener más energía, involucrarse y enfocarse más, así que la meta cuando se trata de educación y aprendizaje debería ser divertirse. Esto es especialmente importante en los primeros años, antes de la secundaria, aunque idealmente ¡no debe cambiar mucho después de eso!

¿Cómo puedes ayudar a tu hijo a cultivar el amor por el aprendizaje?

- ✿ Enfócate en áreas en las que tu hijo ya tiene un interés. Por ejemplo, si a tu hijo le encantan los dinosaurios úsalos como tema de estudio. No faltan maravillosos libros educativos que hagan divertido el aprendizaje sobre dinosaurios.
- ✿ Anima a tu hijo a leer, leer ¡y leer! Tendrá muchas opciones sobre cualquier cosa que le interese (deportes, magia, arte) en las buenas bibliotecas y librerías. La idea debe ser que, con sus límites, no importa lo que tu hijo lea o aprenda en los primeros años mientras esté leyendo y aprendiendo.
- ✿ Pídele al maestro de tu hijo que te recomiende páginas web con buena reputación que provean actividades educativas y divertidas, apropiadas para la edad de tu hijo. En los últimos años, he notado que se han desarrollado varias páginas maravillosas y juegos de internet que hacen que aprender sea divertido.

62. Cultiva el amor por la escuela

Como señalé en la entrada anterior, los niños que son felices en la escuela muy probablemente tendrán un buen desempeño.

La mayoría de los niños pasa por etapas en las que no le gusta la escuela. Puede ser por sus maestros, por problemas con los compañeros como el *bullying* o por no encajar bien. Si esto le pasa a tu hijo, hay cosas que puedes hacer para ayudarlo, incluyendo lo siguiente:

- ✩ Involúcrate en la vida escolar de tu hijo: habla con él sobre su día; ve a las presentaciones escolares, obras de teatro y eventos, y ofrécete como voluntario en algunas actividades.
- ✩ Sin abrumarlo, haz que tu hijo tenga actividades extracurriculares que le permitan utilizar sus fortalezas y talentos.
- ✩ Encuentra maneras de hacer que la escuela sea divertida, creando proyectos en casa que ayudarán a tu hijo a ver que aprender puede ser algo que se disfrute.
- ✩ Asegúrate de que tu hijo esté desarrollando buenas relaciones en la escuela. Para algunos esto será fácil, pero para otros podría requerir atención especial. Si tu hijo tiene buenos amigos en la escuela, disfrutará estar ahí.
- ✩ Intenta identificar los problemas a tiempo y haz algo al respecto lo más pronto posible.

63. Establece reglas para la tarea

Si podemos enseñarles a nuestros hijos a que disfruten aprender, explorar, investigar, leer y descubrir, la labor de motivarlos a hacer la tarea será mucho más fácil.

Recuerda: la tarea no siempre será divertida, pero no tiene por qué terminar en lágrimas. Considera los siguientes puntos al establecer reglas para tu hijo:

- ✩ Prepara un espacio especial para las tareas que esté limpio y despejado.
- ✩ Pon una hora especial para las tareas (la rutina ayuda mucho).
- ✩ Pídele a tu hijo que termine su tarea antes de jugar (así, el juego y la diversión se convierten en el refuerzo).
- ✩ Refuerza y recompensa los buenos comportamientos respecto a la tarea.
- ✩ Ayúdalo tanto como puedas o como sea necesario (la atención es un refuerzo poderoso), pero no lo hagas todo tú.
- ✩ Mantén una actitud positiva respecto a la tarea y sé un elemento de motivación y apoyo.
- ✩ Para los niños mayores que tienen que pasar más tiempo haciendo tarea, anímalos a tomar breves descansos con regularidad.
- ✩ Permite que tu hijo dé su opinión sobre todas las anteriores.

64. Haz que la tarea sea divertida

Creo que los niños más pequeños no deberían hacer mucha tarea; deberían tener permitido jugar, divertirse, relajarse y ejercitarse, pero obviamente al pasar a la primaria y después de eso les darán más y más deberes. Considera las siguientes opciones para hacerlo divertido:

- ✿ Conviértelo en un juego.
- ✿ Ofrece recompensas si la tarea se hace de cierto modo o se completa en un determinado tiempo.
- ✿ Mezcla la tarea con los intereses y pasiones de tu hijo. Por ejemplo, las matemáticas fácilmente pueden convertirse en marcadores deportivos y la ciencia puede incorporarse en la cocina y la jardinería.

Harry, de ocho años, siempre se quejaba de que su tarea de matemáticas era demasiado difícil. Su padre, Bill, tenía que sentarse con él y resolver problema tras problema cada semana. Un día, cuando la familia estaba jugando Monopoly, quedó claro que Harry podía hacer muchos de los cálculos en su cabeza rápidamente. De ahí en adelante, Bill dejó de acompañar a Harry mientras hacía la tarea, pues notó que, al contar con él, Harry no se estaba esforzando tanto como podía. Bill pensó en maneras para convertir la tarea de Harry en un juego: lo cronometraba, hacía gran alharaca al revisar todos los problemas y fingía ser el conductor de un programa de juegos haciéndole muchas preguntas sobre su tarea. Poco a poco su hijo comenzó a enfocarse más y quejarse menos. Logró entender que, aunque siempre contaría con el apoyo de su papá, él no le iba a hacer la tarea.

65. Aprender fuera de la escuela

No hay duda de que el amor por el aprendizaje se relaciona muy de cerca con la felicidad y que aprender puede (y probablemente debe) hacerse no sólo en la escuela sino también en casa... ¡y en cualquier otra parte!

Si tu hijo disfruta aprender fuera de la escuela, muy probablemente disfrutará aprender ahí también. Recuerda que aprender es mucho más que simplemente acumular conocimiento.

Ten en cuenta estas sugerencias:

- ✩ Descubre qué le interesa a tu hijo y encuentra la manera de que aprenda tanto como sea posible al respecto.
- ✩ Convierte sus intereses en tus intereses; esto lo ayudará a aprender, además de que reforzará la relación entre ustedes.
- ✩ Visiten lugares de aprendizaje, como museos, en los que se les invita a la interacción y donde aprender es divertido.
- ✩ Mantén ocupado a tu hijo cuando es más pequeño; si pasa su tiempo realizando actividades educativas, todos ganan.
- ✩ Aprender fuera de la escuela es una gran manera de permitirle a tu hijo utilizar todas sus fortalezas y desarrollar sus talentos. Si disfrutan la música en la escuela, ¿por qué no agendar clases extra de un instrumento específico? Si les gusta andar en bici, inscríbelos en un club de bicicross.
- ✩ Cuídate de no exagerar; recuerda que tu hijo necesita tiempo para jugar, descansar, relajarse y simplemente ser un niño.

66. Alienta la curiosidad

Todo padre en algún momento se ha cansado de escuchar a su hijo preguntando «¿por qué?» A veces, cuando estas preguntas parecen llegar con más fuerza y velocidad que un chisme de famosos, es fácil (y comprensible) simplemente responder «¡porque sí!» o dar por terminada la conversación tan rápido como sea posible (lo sé porque yo mismo he caído en esta trampa). Por más tentadora que sea esta respuesta, debemos intentar evitarla; en vez de eso, necesitamos animar a nuestros hijos a preguntar por qué.

¿Por qué? Porque la curiosidad se relaciona muy de cerca con la felicidad. La curiosidad también se relaciona mucho con el amor por el aprendizaje, que finalmente ayudará a nuestros hijos a ser buenos estudiantes y tener éxito en la vida.

Aprender no debería tratarse sólo sobre la acumulación de datos y conocimientos, sino sobre entender lo que hay detrás de ese conocimiento y cómo interpretar la información (incluyendo cómo distinguir la información buena de la mala).

¿Cómo lo lograremos? Preguntando «¿por qué?»

Desarrollar la curiosidad de los hijos también es una importante lección de paciencia para los padres y, si lo miras de forma positiva, incluso podrías aprender algo. Si no sabes la respuesta a una pregunta que te está haciendo tu hijo, búsquenla juntos; la experiencia de aprendizaje puede convertirse en una actividad que los acerque.

67. Enfócate en las áreas de interés establecidas

Piensa en el siguiente escenario que fue parte de un extenso estudio realizado en distintos países. A los participantes les pidieron que consideraran cómo reaccionarían si su hijo llegara a casa con las siguientes calificaciones:

- ✩ 10 en Español y Civismo
- ✩ 8 en Biología
- ✩ 5 en Matemáticas

La mayoría de los padres se enfocó en el 5 en Matemáticas y respondió con algo como: «Tenemos que enfocarnos en Matemáticas. Mi hijo está reprobando esta materia y hay que ayudarlo».

Podrías leer esto y pensar: «¡Yo no soy así! Yo me enfocaría en los dieces». Si éste es realmente el caso, muy bien, pero ¿lo haces en todas las áreas de tu vida y la de tus hijos?

También podrías leer esto y pensar que es perfectamente razonable enfocarse en la calificación reprobatoria. En parte tienes razón. Pero lo razonable no siempre es lo mejor y enfocarte en lo positivo es mucho más efectivo y poderoso que enfocarte en lo negativo, así que lo mejor sería concentrarse en los dieces.

Ya sea en el trabajo, en la escuela o en casa, reconocer los desempeños positivos se asocia con una mejora de más de 70%. Esto contrasta con la crítica constructiva, que es algo que podrías hacer con el 8, lo cual sólo genera 20% de mejora. Finalmente, ignorarlo o no hacer nada tiene un efecto mínimo.

No digo que ignores las fallas o las áreas en las que tú o tu hijo pueden mejorar, pero sí propongo un ejercicio de reflexión que requiere reconsiderar la importancia que le das a los cincos en comparación de la que le das a los dieces. Claro, enfócate en las áreas que necesitan mejorar, pero asegúrate de también dedicarle tiempo a notar y reforzar las buenas calificaciones.

Gina estaba desesperada cuando fue a su primera reunión de padres y alumnos en la escuela de su hija. Todos los maestros le decían que su hija, Maggie, estaba teniendo problemas para trabajar en la escuela. La única maestra con comentarios positivos fue la de Música, pero estaba de prisa y no tenía tiempo para hablarlo más a detalle. En casa, Maggie le había estado diciendo a Gina que no le gustaba la secundaria y que quería volver a la primaria. Maggie siempre fue buena cantante, así que Gina la motivó a audicionar para la banda escolar con la esperanza de que esto le diera algo positivo en lo que se pudiera enfocar. Maggie era muy tímida, pero con la ayuda del hijo de su vecino, quien tocaba la guitarra en el grupo, decidió ir a la audición. Todo salió tan bien que no sólo consiguió un lugar, sino que la líder del grupo llamó a Gina personalmente para comentar la calidad de la voz de Maggie. Basándose en esto, Gina decidió pagarle clases privadas de canto a Maggie. Al pasar los meses, la voz de Maggie mejoró más y más. Le empezó a encantar ir a los ensayos de la banda y poco a poco llegó a sentirse muy cómoda en la escuela. Esta nueva seguridad en sí misma se reflejó en su desempeño escolar. Aún le costaba un poco de trabajo, pero se involucraba más y se responsabilizaba de pedir ayuda cuando la necesitaba.

68. No te enfoques en los obstáculos

Una mañana mi hijo y yo pasamos una hora en un parque donde habían dejado algunos juguetes de donación para que los niños jugaran con ellos. Él comenzó a jugar con un camión de plástico y, mientras se preparaba para correrlo por el camino imaginario que había creado, notó que los otros juguetes le estorbaban.

Como el adulto racional que soy, mi primera reacción hubiera sido recoger los juguetes que estaban en el camino para poder mover el camión por lo que yo consideraba una carretera ideal. Pero, por lo que pude ver, mi hijo no tenía esto como una opción; en su lugar, simplemente levantó el camión, lo pasó por encima de los juguetes y siguió feliz con su camino.

Me puso a pensar en lo que hacemos (o no hacemos) cuando hay cosas que obstaculizan nuestro camino hacia la felicidad. ¿Te enfocas demasiado en los obstáculos y en lo que necesitas para quitarlos? ¿Permites que las obstrucciones en el camino distraigan tu atención de la meta final (ya sea la felicidad o el éxito)?

¿Qué pasaría si, como mi hijo, simplemente nos concentráramos en la meta y en lo que queremos lograr pese a los retos que se imponen en el camino?

69. Responsabilízate al tratar con los miembros de la comunidad educativa

A veces los padres pueden reaccionar exageradamente o de un modo demasiado emocional a situaciones que involucran la educación académica de sus hijos. Esto pasa porque no estamos muy seguros de cuáles son nuestras responsabilidades; entonces, o nos excedemos en nuestros aportes o nos retiramos por completo de la ecuación. Para muchos de nosotros, hay poderosos botones emocionales que se encienden cuando empezamos a llevar a nuestros hijos a la escuela. Sin darnos cuenta, nos recuerdan nuestros años de estudio. Para muchos la escuela implicó el primer encuentro con el mundo sin nuestros padres. Además de lo divertido y lo emocionante, hubo drama, ansiedad y algunas veces humillaciones. Estos recuerdos pueden volver a nosotros en diferentes puntos de la vida académica de nuestros hijos y pueden hacernos sentir más vulnerables de lo que nos gustaría.

Estos sentimientos se expresan de distintas formas. Algunos nos sentimos traumatizados; otros pueden sentir la necesidad de tener el control, y otros más se vuelven críticos y se ponen a la defensiva. Aquí hay algunos ejemplos de la exageración de los padres:

✿ Cuando Christine llevó a su hija a su primer día de clases, le fue difícil irse. Cuando la maestra sugirió amablemente que se fuera, Christine comenzó a llorar. Su hija estaba muy asustada. «¿Por qué mi mamá me va a dejar en este lugar que la pone tan triste?», se preguntaba la niña de cinco años.

✿ Michael estaba muy preocupado por las calificaciones de su hijo. Fue a ver al maestro de tercer año, quien le dijo que su hijo daba resultados sólidos, pero promedio. En ese momento Michael se enojó, diciendo que sabía que su hijo era muy capaz y que el maestro no estaba haciendo lo suficiente para motivarlo.

✿ Lily es actriz. Su hija Anna se siente cómoda en el escenario, pero no le emociona mucho. Cuando no incluyeron a Anna en la obra de teatro escolar, Lily fue a ver al director para quejarse.

✿ Sal, de ocho años, se había peleado con su mejor amiga, Mia. La mamá de Sal llegó a casa tras un día difícil en su oficina. Cuando se enteró de la pelea se enojó y llamó a la mamá de Mia para decirle que consideraba que Mia estaba haciéndole *bullying* a su hija.

Estas cosas les pasan a personas que normalmente serían consideradas tranquilas y responsables. A veces, cuando se trata de nuestros hijos, nuestro sentido de la proporción y la responsabilidad desaparece, creándonos a nosotros y a nuestros hijos problemas que pueden resonar por meses e incluso años.

Cuando estés en una situación así, date un momento para recordarte que eres el adulto y no el niño. Esfuérzate por responsabilizarte de ti mismo y de tus emociones al hablar con un maestro, otros padres y los hijos de otras personas. Una amiga mía que está muy involucrada en la primaria de su hija dice que siempre trata a las personas de su comunidad escolar como si fueran sus colegas de trabajo (en otras palabras, con una política de RH en mente). Quizá la manera más sencilla y gratificante para sentirnos en control de lo que pasa en la escuela y con los amigos de nuestros hijos, es involucrarnos: únete al comité de padres de familia, ve por un café con otros padres, decídete a ayudar en cosas del salón de tu hijo. Esto te dará la sensación de que estás participando en la escuela de tu hijo y te motivará a ayudar en la construcción de un ambiente positivo para todos. Descubrirás que estás mejor parado para responder a las situaciones que vayan surgiendo, en vez de simplemente reaccionar.

70. Reconoce cuando tu hijo necesita un descanso

Por más que creo que el aprendizaje es importante, simplemente hay momentos para aprender y momentos para no hacerlo.

En los últimos años hemos visto una tendencia hacia la sobrecrianza, la hipercrianza y básicamente la mala crianza. Muchos padres, preocupados por la capacidad de sus hijos para avanzar en un mundo que es cada vez más competitivo, creen que cada segundo de cada día debe utilizarse para ayudar a su hijo a estar a la cabeza de la manada.

Esto simplemente es una exageración. Todos, tanto adultos como niños, necesitamos dejar de pensar y de estar activos por un rato. ¿Alguna vez has tenido una gran idea cuando ni siquiera la estabas buscando? Por lo general, cuando no estamos aprendiendo activamente es el momento en que podemos ser más creativos.

Motiva por todos los medios a tu hijo a aprender, ¡pero también dale tiempo para no aprender y simplemente ser!

Nina tenía que escribir un discurso para su clase de lengua como parte de una tarea de la secundaria. No le gustaba esa materia y no sentía que fuera buena en ella, así que le estaba costando mucho trabajo. Pasó horas en su escritorio, pero simplemente no lo lograba. Su mamá le sugirió que hiciera otra cosa por un rato, algo completamente distinto. Nina decidió ver una de sus películas favoritas en DVD. Cuando terminó, volvió a su escritorio y escribió el discurso en dos horas. Terminó sacándose un 10. Aprendió una importante lección sobre relajarse y enfocarse en algo completamente diferente a la tarea que debe completar.

71. Enséñale a tu hijo a no rendirse

La perseverancia es una parte muy importante del aprendizaje (ve a la página 80). Enseñarle a tu hijo perseverancia, a seguir luchando cuando las cosas no salen a su manera o cuando vale la pena perseguir una meta, le servirá durante toda su vida (claro que habrá momentos en los que dejar de luchar por algo sea la mejor opción; en el siguiente capítulo hablo de esto, en la página 131).

Anima a tu hijo a descubrir los beneficios de la perseverancia en algo, aunque no muestre gran habilidad al inicio; si le interesa, bastará para garantizar que pase más tiempo realizando esa tarea.

Una de las cosas más difíciles para un padre es ver a su hijo con potencial «tirar la toalla». Aquí hay algunos consejos para cuando creas que podría estarse encaminando hacia eso:

- ☆ ¿Cuánto tiempo llevan haciendo esa actividad? ¿Ya lo intentaron lo suficiente? Si no, sugiere un momento en el futuro cuando podrá dejarlo si aún no lo disfruta.
- ☆ Pregúntale por qué no lo está disfrutando. ¿Ese problema puede arreglarse? Podría no querer decirte la razón real. Escucha tranquilamente lo que dice y usa preguntas socráticas (ve a la página 57) para ayudarlo a encontrar una solución.
- ☆ Pídele que haga listas de lo positivo y lo negativo de renunciar o seguir adelante; luego sopesen las opciones juntos.
- ☆ Si insiste en que quiere dejarlo, pregúntale si le gustaría hacer otra cosa. Intenta no forzarlo.
- ☆ Refuerza el concepto del trabajo duro para conseguir tus metas. Recuérdale a otras personas (famosos, parientes, amigos de la escuela) que han trabajado mucho en algo que amaban y fueron felices con el resultado.
- ☆ Pregúntate a ti mismo por qué quieres que tu hijo continúe con esa lucha. ¿Es para hacerte feliz a ti? ¿O es real-

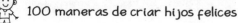

mente por él? Asegúrate de que los beneficios sean para él y no para ti.

Elizabeth y Zara son gemelas de 12 años con personalidades muy diferentes. Elizabeth aprende rápido y se aburre fácil. Zara aprende más lento, pero suele ser constante y así logra dominar tareas difíciles. Cuando se trata de perseverancia, los padres de las chicas han convertido a Zara en el modelo, haciéndole saber a Elizabeth que es demasiado distraída e impaciente en comparación. Pero esta opinión fue puesta en duda por la maestra de sexto de las niñas en la junta semestral de padres y maestros. Ella señaló que Elizabeth tenía una excelente visión del aprendizaje, un sentido de la curiosidad bien desarrollado y la capacidad de entender la esencia de una materia rápidamente. Como resultado de esta conversación, los padres adoptaron un enfoque diferente con Elizabeth. Por ejemplo, Elizabeth se quejaba de que se aburría en sus clases de piano. En lugar de insistir en que siguiera con ellas o permitirle renunciar, sus padres encontraron un maestro con un método que le iba bien al estilo de aprendizaje de su hija. En lugar de trabajar en piezas clásicas complicadas, ahora Elizabeth toca mucho pop y rock; recientemente recorrió todo el repertorio de los Beatles, logrando casi siempre aprenderse una canción en una sola sesión antes de pasar a la siguiente.

72. Reconoce cuando ya ha sido suficiente

Hace poco me recordaron por qué Australia tiene un emú y un canguro en su escudo de armas: supuestamente es porque ninguno de estos animales puede caminar hacia atrás.

No retroceder suele verse como algo positivo y en muchos casos no me cabe duda de que sea así, pero también necesitamos dejar en claro la diferencia entre la perseverancia positiva y la simple obstinación. Hay veces en las que «rendirse» en realidad debería considerarse una retirada pertinente.

La manera en que interpretamos lo que hacemos nosotros y los demás se refleja significativamente en cómo nos sentimos, incluyendo nuestra motivación. Es claro que hay veces en las que necesitamos reconocer que hemos ido demasiado lejos en la dirección equivocada; es momento de soltar, aceptar nuestra vergüenza (si es necesario) y seguir adelante (de preferencia en otra dirección). Después de todo, una cabeza sólo puede encontrarse cierto número de veces con la pared antes de que sea perjudicial.

73. Aprender a resistir la presión social

La presión social es una de las partes desagradables de la vida; todos hemos escuchado historias de lo que llegan a hacer algunos niños para sentirse aceptados. Puede afectar todas las áreas de su vida, desde la ropa y la música que eligen hasta la manera en la que se comportan en la escuela.

Una base sólida de valores y prioridades ayudará a que tu hijo esté equipado con habilidades para enfrentar esta presión. Enséñale a diferenciar el bien del mal. Desarrollen estrategias de comunicación efectivas —podrían incluir aprender a decir que no— pero recuerda que es mucho más fácil decir que hacer esto. Sin duda hay situaciones en las que decir que no hará que tu hijo sea presionado o que le hagan *bullying*.

Con esto en mente, podría ser útil ofrecerle a tu hijo estrategias de distracción, tácticas de retraso e incluso excusas que lo ayudarán a encontrar la salida de esas situaciones sin negarse abiertamente. Una de las mejores excusas es simplemente culpar a los padres. «Mis papás no me dejan» es una declaración poderosa que todo adolescente comprende. Puedes ayudar a tus hijos asegurándoles que no te importa que te presenten como alguien demasiado estricto si eso los ayuda a escapar de situaciones peligrosas.

74. Aprender a fluir con la presión social

En el capítulo anterior (ve a la página 132) hablé del potencial que tiene la presión social para causar problemas significativos en tu hijo; ahora quiero enfocarme en los elementos de la presión social que de hecho podrían ayudarlo a crecer, desarrollarse y esforzarse por ser su mejor versión posible. En muchos sentidos, la presión social es un fenómeno normal; después de todo, somos animales sociales y es completamente adecuado que los niños (y, a decir verdad, también los adultos) quieran ser parte de un grupo y sentirse aceptados.

El término «presión social» suele usarse en el sentido de que alguien se siente influenciado a hacer algo que normalmente no haría o, alternativamente, sentirse influenciado a no hacer algo que normalmente haría, pero creo que esto es sólo una parte de la ecuación.

Otra forma de ver la presión social es como nuestra manera de encajar, de ser parte de la comunidad, y eso no es tan malo. Dentro de los límites, está bien si nuestros hijos sucumben a la presión social, pues necesitan adaptarse, formar relaciones sólidas e identificarse con sus compañeros para sentirse seguros en los interesantísimos años adolescentes.

Mi punto es que la presión social no siempre debería verse bajo una luz negativa; nos guste o no, es una realidad y tenemos que ayudar a nuestros hijos a trabajar con ella, para encontrar el equilibrio entre encajar adecuadamente y mantener la individualidad.

Debemos ser realistas y aceptar que nuestros hijos, de vez en vez, harán cosas que saben que no están bien porque sus amigos las están haciendo y no quieren quedarse fuera o que se burlen de ellos. Sin embargo, debemos tomar cartas en el asunto si estas conductas son ilegales, impropias, antiéticas o dañan de alguna manera a otros. Es como elegir tus batallas y aceptar que podrías perder algunas con el fin de ganar la guerra.

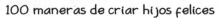

Raff, de ocho años, es hijo único. Siempre ha sido muy quisquilloso para comer. Por ejemplo, hay veces en que sólo come cosas blancas. La familia del mejor amigo de Raff lo invitó a pasar un fin de semana largo con ellos en la playa. Raff nunca antes había estado lejos de sus padres, por lo cual estaba nervioso. Su mamá le avisó a los padres de su amigo sobre los hábitos alimenticios de Raff, pero a ellos no pareció sorprenderles mucho, pues tenían cuatro hijos, así que ya lo habían visto todo. En la primera comida Raff casi no comió nada. La mamá de su amigo le sugirió que comiera lo que comían los demás, pero no insistió. Raff observó a los otros niños comer, notó cómo ninguno de ellos se quejaba y que todos se comieron lo que había en sus platos. Entonces pensó que quizá la comida estaba buena y que debería probarla. En cada comida fue comiendo más y más. Después de los tres días ya comía todo lo que los otros niños y disfrutó mucho ser parte de la tribu.

75. Desarrollar relaciones positivas con los compañeros

Una de las muchas ideas equivocadas alrededor de la felicidad es que es una búsqueda egoísta, pero ¡esto no podría ser más falso! La gente feliz no es para nada egoísta; es altruista, generosa, amable y amorosa.

La felicidad no se trata sólo de un individuo; también tiene mucho que ver con toda la gente con la que interactúa dicha persona. Por tanto, criar hijos felices requiere enseñar y fomentar el desarrollo de relaciones positivas, así como mantenerlas.

Hay un libro infantil que presenta de forma sucinta y maravillosa un gran mensaje para los niños: ser un buen amigo y tener buenas relaciones requiere estar ahí para los demás y ayudarlos cuando sea necesario. En *That's what friends are for* (Para eso son los amigos), de Florence Parry Heide y Sylvia Van Clief, un elefante no puede ir a una reunión con su amiga porque está lastimado. Varios animales le ofrecen distintos consejos, pero ninguno es de utilidad para el elefante (por ejemplo, un pájaro le sugiere que, si le duele el pie, ¡simplemente se eche a volar!). Sin embargo, al final un amigo sabio y sensible le sugiere ir por su amiga y traerla hasta donde está el elefante, resolviendo así el problema.

En esta gran historia está implícito el mensaje de que los verdaderos amigos se apoyan y esto implica mucho más que dar consejos. Enseñarle a tu hijo los beneficios de este tipo de apoyo mejorará sus posibilidades de encontrar amistades gratificantes y felicidad en la vida.

76. Enfrentar el *bullying*

El *bullying* puede ser físico o verbal, y en estos días no es sólo cara a cara; también está sucediendo en internet y en los teléfonos celulares. El primer paso para ayudar a tu hijo a enfrentar el *bullying* es educarlo en lo que esto significa y lo que no es aceptable.

El *bullying* puede ser ignorado y los *bullies* pueden ser evitados, pero, si esto no es posible o si has identificado el *bullying* como un problema serio y persistente, debes tomar cartas en el asunto lo más pronto posible. Los siguientes pasos te permitirán ayudar a tu hijo para enfrentar el *bullying*:

- ✩ Motiva a tu hijo a hablar contigo o con alguien más que sea de su confianza si está siendo víctima de *bullying* o si sabe de alguien más que lo sea.
- ✩ Explícale que, al no hacer nada para detener estas conductas, la situación probablemente empeorará y animará al *bully* a seguir haciéndolo.
- ✩ Ayuda a tu hijo a resolver la situación él mismo. Por ejemplo, ensayen lo que puede decirle al *bully* y prepárense para cualquier reacción o amenaza esperada.
- ✩ Muéstrale que el uso adecuado del humor puede ayudarlo a minimizar algunas situaciones, pero, al mismo tiempo, debe tener cuidado de no generar antagonismo en el *bully*.
- ✩ Si tu hijo no puede resolver la situación por sí mismo, involúcrate y habla con las personas adecuadas en la escuela o en el grupo en el que esté ocurriendo el *bullying*.

77. Ayuda a tu hijo a desarrollar relaciones positivas con los maestros

La relación alumno-maestro (y de hecho también la relación padre-maestro) es muy importante; por ello, debe recibir el mismo tiempo y esfuerzo que se le dedica a desarrollar otras relaciones en la vida de tu hijo.

La comunicación es clave. Es importante enseñarle a tu hijo que su relación con los maestros puede ser positiva, divertida y de apoyo, pero no es lo mismo que su relación con los padres o amigos.

Anímalo a apreciar y respetar a sus maestros; a buscar sus fortalezas y valorar su conocimiento, su posición y su deseo de enseñar. ¿Tu hijo entiende lo que implica el papel de su maestro? Comprender esto lo ayudará a apreciar todas las tareas que su maestro debe realizar, las muchas responsabilidades que tiene y las formas en que puede influir positivamente en su presente y su futuro.

Nuestros hijos no siempre tendrán maestros brillantes. Cuando esto pase, aprovéchalo como una oportunidad para enseñarle cómo negociar en una situación imperfecta. Si los estándares son realmente bajos, no dudes en hablar con la escuela, pero no te quejes del maestro frente a tu hijo, pues el mensaje sería demasiado confuso y potencialmente dañino.

78. ¿Qué significa realmente el fracaso?

Si te caes siete veces y te levantas ocho, ¿significa que fracasaste? No pensamos que nuestros bebés fracasan cuando se caen continuamente en sus primeros intentos por caminar; de hecho, aplaudimos sus esfuerzos. Entonces, ¿por qué ponemos tanto énfasis en el fracaso y por qué le tememos tanto?

Muchas personas felices y exitosas consideran que, si no fallan frecuentemente, no lo están intentando lo suficiente. Ésta es una lección muy útil para nuestros hijos: siempre que aprendan de sus errores y no los repitan una y otra vez, fallar no es tan malo.

Al enseñarle a tu hijo sobre el fracaso, lo primero que debes hacer es cambiar la visión del fracaso (en tu propia mente) para convertirla en una oportunidad de aprender, crecer y mejorar; entonces, podrás comunicárselo más eficazmente a tu hijo. Puedes hacerlo de distintas maneras, incluido el celebrar los «fracasos» como pasos hacia el éxito, en vez de castigarlo. Cuéntale a tu hijo algunos fracasos famosos que llevaron al éxito, como el de Thomas Edison (si le gusta la ciencia), el de J. K. Rowling (si le interesan las historias) y el de Don Bradman (si lo suyo son los deportes).

79. Superar los miedos

Es normal que tu hijo experimente ciertos niveles de ansiedad, pero, cuando esto comienza a tomar el control de su vida, interrumpe su funcionamiento normal o evita que haga cosas cuando las quiere hacer, no es normal ni útil.

Aquí van algunas estrategias efectivas que pueden ayudar a tu hijo a manejar la ansiedad:

✧ Relajación aplicada (ve a la página 167).
✧ Rebatir los pensamientos negativos con otros más útiles.
✧ Recoger evidencia de éxitos y situaciones que son incompatibles con sus miedos.
✧ Exponerlos lenta y gradualmente a las situaciones que los asustan.

El hijo de cuatro años de Helen, Jack, es extremadamente tímido. Tras un periodo en el kínder, no lograba saludar a su maestra por las mañanas. Helen decidió enfocarse en esta sencilla interacción diaria en la vida de Jack con la esperanza de que le ayudara a tener más seguridad. Durante las vacaciones, Helen le dijo a Jack que es de buena educación saludar a las personas y mirarlas a los ojos al hacerlo, que eso era lo que ella esperaba de él. Sabía que su hijo podía hacerlo y estaba segura de que lo conseguiría. El primer día de regreso a clases, Jack se sintió abrumado y no logró decir «hola». Helen lo sacó del salón para darle una pequeña plática motivacional y, cuando volvieron, Jack logró saludar perfectamente. Ahora lo hace todos los días con todo y contacto visual.

80. Ser valiente

Una de mis formas favoritas para animar a los niños a ser valientes es hacerlos imaginar lo que haría una persona valiente en una situación ¡y luego fingir que son esa persona y hacerlo!

Hay veces en la vida en las que nos ponemos nerviosos: cuando nos asomamos por la orilla de la plataforma de un salto en *bungee*, al estar frente a un público o al preguntarnos si deberíamos o no aplicar para ese nuevo trabajo. A mí me parece que es mejor saber que no saber, lamentar algo que hemos hecho en vez de algo que no hicimos. Entonces, si quieres que tus hijos sean valientes y decididos, ten en cuenta las siguientes sugerencias:

☆ Anima a tu hijo a encontrar a alguien que haya sido valiente, que haya mostrado resiliencia o que haya defendido algo en lo que cree. Podría ser uno de sus amigos, un familiar o incluso una persona famosa (una estrella de rock, un actor, un personaje histórico o alguien de una novela).

☆ Ayúdalo a identificar los actos de valentía: ¿qué hicieron realmente estas personas?

☆ ¿Cómo puede tu hijo aplicar algo similar en su vida?

Ten cuidado al elegir superhéroes como ejemplos de personas valientes. Saltar desde un edificio alto como Batman, escalar paredes como Spiderman o intentar detener el tráfico como Superman son acciones irreales de valentía, especialmente si tu hijo es muy joven.

20 maneras
de asegurar el bienestar

El bienestar físico de tu hijo afecta directamente su bienestar emocional, su rendimiento académico y la calidad de sus relaciones con los demás. En los últimos años hemos escuchado estadísticas alarmantes de las tasas de obesidad y las enfermedades relacionadas con el estilo de vida. Sabemos que la alimentación y la actividad física de nuestros hijos determinarán su salud física (y emocional) cuando sean adultos. La buena noticia es que las soluciones no son complicadas ni tampoco caras. Podemos ayudar a nuestros hijos a ser más saludables utilizando el sentido común y haciendo cosas clásicas como apagar la televisión, comer juntos, evitar la comida chatarra y mandarlos a jugar afuera. Otros factores que contribuirán a su salud general y que serán revisados en esta sección incluyen las horas de sueño, la relajación y ayudarlo a resolver sus problemas para evitar la ansiedad.

81. Sé un buen modelo a seguir: identifica y deshazte de los malos hábitos

Los dos primeros capítulos de esta sección tratan sobre ti como un modelo a seguir. Cómo comemos, nos ejercitamos, dormimos, nos relajamos, hacemos dietas y usamos sustancias como drogas y alcohol: todos son problemas familiares. Claro, hay un tema de publicidad excesiva y presión social, pero el modelo más importante para tus hijos, en cuanto a su salud física y emocional, eres tú, su padre o madre. Los niños no cuestionan las conductas de sus padres. Un niño que ve a su padre beber una botella de vino cada noche pensará que ésa es la forma en la que los adultos terminan su día. Una niña que ve a su madre pesándose constantemente pensará que esa obsesión con el peso es normal (ver también las páginas 156-157).

Todos tenemos conductas que no nos hacen felices. En algunos casos, estos malos hábitos podrían sólo ser molestos o incómodos, pero en otros son destructivos y contraproducentes. Entonces, ¿por qué no acabamos con estas conductas negativas y las reemplazamos con acciones más positivas y productivas?

Entre los actos poco saludables más frecuentes se encuentran:

- ✩ Fumar o beber en exceso.
- ✩ Comer mal o demasiado.
- ✩ Pasar mucho tiempo sin moverse.
- ✩ Ser un conductor iracundo o tener otras conductas agresivas.
- ✩ Apostar en exceso.
- ✩ Quejarse constantemente de alguna situación (trabajo, una relación) y no hacer nada por arreglarla.

Cualesquiera que sean tus malos hábitos, el primer paso para cambiarlos es identificar qué estás haciendo mal y luego comprometerte a cambiarlo. La mejor manera de comenzar es monitorear qué estás haciendo actualmente, cuándo y dónde lo haces con más frecuencia. Aunque podrías no darte cuenta, tu conducta en muchas formas se determina por el contexto o la situación en la que te encuentras.

Piénsalo: no siempre haces lo mismo en respuesta a ciertos detonantes de estrés, ¿verdad? Tu respuesta puede verse sutilmente afectada por las personas que te estén viendo, tu entorno (si estás en el trabajo o en casa), qué tan cansado estás o qué tanto control sientes que tienes.

Cuando hayas identificado tus hábitos negativos, pon a prueba el siguiente plan:

- ☆ Determina qué motiva tu comportamiento. ¿Es una situación o entorno en específico (fumas cuando estás en un bar), o una emoción (dejas de comer cuando te sientes nervioso) lo que provoca la conducta? Puede haber más de un factor situacional o emocional que detone los mismos actos: fumas al estar en el bar, con amigos o cuando estás nervioso (factor emocional).
- ☆ Lleva un diario para recordarte lo riesgosas que son ciertas situaciones. Una buena manera para determinar el riesgo es pensar qué tan fuerte es la necesidad de volver al mal hábito.
- ☆ Sopesa las ventajas y las desventajas de la manera en que actualmente manejas tus sentimientos y las situaciones difíciles. ¿Cuáles son las consecuencias buenas y malas relacionadas con esta conducta? Al determinar los costos y beneficios de tus acciones, podrás ver qué te motivó a cambiar. ¿Qué ganas y cuánto te cuesta?
- ☆ Recuérda las razones por las que decidiste cambiar.
- ☆ Ten escrito un plan de emergencia para las situaciones más difíciles y los deseos más fuertes.

82. Sé un buen modelo a seguir: construye hábitos saludables

Cuando hayas comenzado a hacer algunas mejoras y avances (aunque sean pequeños) para deshacerte o disminuir tus malos hábitos (ve a la página 143), asegúrate de recompensarte con algo significativo y satisfactorio. Además de reducir las conductas perjudiciales, lo mejor que puedes hacer es construir buenos hábitos.

Para descubrir cuáles conductas positivas quieres comenzar a practicar con mayor frecuencia, necesitas hacerla de detective. Comienza pensando en alguien a quien admires y nota qué es lo que te gusta de esa persona. Luego, define qué es específicamente lo que hace que te gustaría hacer a ti. Podría ser, por ejemplo, que esta persona camine una hora, cuatro mañanas a la semana. Cuando lo hayas descubierto, comienza a agendar e incorporar estas actividades y conductas en tu vida cotidiana.

Hacer cambios (aunque sean positivos) no es fácil, así que prepárate para cometer errores y saber que de vez en vez te olvidarás de tu plan. No dejes que los tropiezos te desanimen. Un contratiempo no es un fracaso. De hecho, es mejor referirse a estos acontecimientos como «contratiempos momentáneos» y pensar en ellos como experiencias de aprendizaje, pues cuantos más intentos hagas por cambiar una conducta, más consciente serás de cuáles situaciones son más difíciles y de cuándo tienes mayores probabilidades de volver a las andadas.

Cambiar los malos hábitos y construir nuevos puede tardar mucho. Mientras más tiempo te des para ajustarte y hacer cambios de vida, es más probable que tengas éxito. ¿Por qué no comienzas con estos sencillos pasos?:

☆ Determina una sola cosa que podrías hacer cada día para mejorar, algo en un área en la que te gustaría construir hábitos saludables. Puede ser dar una breve caminata cada mañana, comer más fruta, tomar más agua, practicar la relajación aplicada o meditar durante cinco minutos diarios.

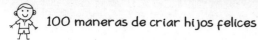

✩ Dile a alguien, idealmente un buen amigo, colega o familiar, lo que estás planeando hacer o, si es posible, alíate con alguien para tener más motivación.

✩ Recompénsate cuando logres tu meta o incluso cuando hayas dado algunos pasos en la dirección correcta, acercándote así un poco más adonde quieres llegar.

83. Edúquense en familia sobre comer sanamente

En la última década se ha hablado mucho de la crisis de obesidad y sobre la mejor manera de educar y reeducar a las familias y a los niños sobre la importancia de la buena comida. Un tema que se ha señalado es que muchas familias están perdiendo conocimientos básicos pero esenciales sobre cómo comprar y preparar la comida. Muchos niños no pueden identificar verduras que deberían ser comunes para ellos, como el brócoli, y muchos adultos no saben cómo preparar las comidas más sencillas. Jamie Oliver habla de esto en su popular programa de televisión en Inglaterra *Jamie's School Dinners*, mientras que la personalidad australiana en el mundo de la comida Stephanie Alexander ha diseñado e implementado un amplio programa para las primarias que les enseña a los niños cómo cultivar y cocinar su propia comida.

La buena noticia es que hay una enorme cantidad de información disponible: programas, revistas y libros de cocina para aquellos que no saben bien cómo cocinar. La mayoría de nosotros conoce a alguien, un amigo o un pariente, que es bueno para la cocina; acércate a esa persona y pídele que te dé algunas clases y consejos clave para preparar las comidas de tu familia.

Si ya cocinas como un chef, piensa en maneras de involucrar a tus hijos. Si los niños se involucran íntimamente en conseguir y preparar la comida, será más sencillo que entiendan sus beneficios nutricionales y disfruten las diferencias de sabores, texturas y aroma.

Aquí hay algunos consejos para iniciar a tu hijo en el camino hacia una buena vida culinaria:

✿ Vean libros de recetas juntos; hablen sobre los diferentes platillos que le gustaría probar a tu hijo.
✿ Llévalo a comprar la comida. Vayan a otros lugares además de los supermercados, como tiendas pequeñas y

mercados. Platica con los vendedores y anima a tu hijo a hacerles preguntas sobre los diferentes tipos de alimentos.

✩ Deja que tu hijo te ayude en la cocina. Los más pequeños pueden hacer cosas como pesar y poner los ingredientes; los más grandes (de ocho años en adelante) pueden hacer casi todo lo que puede hacer un adulto, pero es importante enseñarles los procedimientos básicos de seguridad al usar cuchillos y retirar cosas del fuego o sacarlas de horno.

✩ Anima a tu adolescente a cocinar independientemente.

✩ Discutan ideas de platillos y asegúrate de que haya ingredientes saludables a su disposición.

✩ Coman juntos como familia al menos cuatro noches a la semana (ve a la página siguiente).

84. Coman en familia

Durante la última década se ha hablado maravillas sobre comer en familia. Diversos estudios han encontrado que los hijos de familias que comen juntas por lo general son:

- ✩ Menos propensos a usar drogas, alcohol y tabaco.
- ✩ Más propensos a comer verduras y tener una mejor nutrición en general.
- ✩ Menos propensos a sufrir de depresión más adelante en sus vidas.
- ✩ Menos propensos a volverse anoréxicos.
- ✩ Más propensos a tener un buen desempeño académico.

Esto no necesariamente significa que comer juntos provoque dichos resultados, pero sin duda hay una fuerte correlación entre comer juntos y un amplio rango de conductas y resultados positivos. Algunos investigadores incluso han llegado a decir que procurar que la familia cene junta la mayor parte de la semana es lo más importante que puedes hacer como padre. Comer juntos es una actividad nutritiva (las familias que comen juntas comen más saludable) y ofrece una sensación de conexión emocional, un ritual y la oportunidad de compartir información.

En familias con hijos adolescentes con muchas actividades extracurriculares y dos padres que trabajan, comer juntos puede parecer una pesadilla logística. Sin embargo, con algunos ajustes en las agendas es posible tener una comida familiar al menos tres o cuatro noches a la semana. Aquí hay algunos consejos para crear el tiempo y las circunstancias correctas para una comida familiar gratificante:

- ✩ Decidan cuántas comidas juntos pueden hacer a la semana y en qué días; apéguense al plan.
- ✩ Asegúrate de que las comidas se sirvan al mismo tiempo cada día.
- ✩ Si tus hijos se quejan porque no van a ver a sus amigos, diles que los inviten a la comida en familia.

☆ Involucra a tus hijos en rituales como poner la mesa y encender las velas para la cena.

☆ Inicia la conversación con preguntas como «¿qué fue lo mejor que te pasó en el día?» y «¿qué fue lo peor que te pasó hoy?».

☆ Haz preguntas divertidas o prepara una trivia familiar que no se enfoque tanto en la competencia, sino en la comunicación y en aprender de una forma relajada y disfrutable.

☆ No respondan llamadas telefónicas durante la cena.

☆ Apaga la televisión; los estudios han descubierto que tener la televisión encendida durante la comida anula la mayoría de los efectos positivos de comer juntos como familia.

85. Haz que comer sano sea divertido para los más pequeños

La mejor manera de animar a tus hijos más pequeños a comer sano es convirtiéndolo en una actividad divertida. La página de Raising Children Network (raisingchildren.net.au) tiene algunas sugerencias sencillas, divertidas y deliciosas para comidas saludables que tus hijos disfrutarán. Prueba con las siguientes ideas para involucrar a tus hijos en una dieta sana:

- ☆ Haz rostros u objetos con comida (el puré de papa puede moldearse para ser casi cualquier cosa y los vegetales también pueden cortarse para representar lo que quieras, incluyendo caras, animales, carros, naves espaciales o sirenas).
- ☆ Juega mientras comen: el juego de «me encanta» se trata de ir por turnos diciendo la comida que a cada uno le encanta para el desayuno, la comida y la cena; en el juego de la gratitud hay que considerar lo afortunados que somos de comer lo que estamos comiendo.

Un colega y amigo mío, el Dr. John Lang, que ha realizado importantes trabajos en esta área, comparte una gran manera para hacer que los niños coman vegetales: permíteles escribir dos listas, una con las verduras que no quieren comer y otra con las que sí. Estas listas pueden modificarse con el tiempo, pero la clave es que ¡la segunda lista debe tener más elementos que la primera! Para extender el juego, haz que tu hijo nomine cada semana a un vegetal que esté dispuesto a pasar de la primera a la segunda lista.

86. Haz que comer sano sea divertido para los niños mayores

No hay razón para que los niños mayores, de ocho años en adelante, no coman todo lo que tú comes, con excepción de, digamos, curry muy picante. Los niños que comen regularmente cosas que tienen mucho sabor, texturas interesantes y aromas deliciosos crecerán para no tolerar la comida rápida con sus abrumadores sabores salados, grasosos y azucarados.

Aquí hay algunas formas de animar a tu hijo mayor a que sea aventurero al comer:

☆ Si el presupuesto lo permite, lleva a la familia a cenar de vez en vez; prueben diferentes tipos de cocina como hindú, china, tailandesa e italiana.

☆ Si compras un producto interesante, como un buen queso, invita a tu hijo a probarlo. Aunque no le guste, pregúntale si puede explicar por qué. ¿Fue el sabor, la textura?

☆ Sírvele a tu hijo todo lo que tú te sirves. Tu hijo invariablemente te dirá que no le gusta esto o aquello, pero el hecho de que esté en su plato significará que algún día lo probará y, quién sabe, puede que hasta le guste.

Lindy llevaba a sus hijos en su carro hacia otro estado. Manejaron por largas carreteras y pasaron por algunos pueblos. Las opciones de comida se limitaban a algunos restaurantes de comida rápida que estaban en las gasolineras junto al camino. Desde que sus hijos eran pequeños, Lindy les había dado alimentos sanos y variados. Cuando eran más chicos alguna vez le pidieron comida rápida, pero fue más por los regalos que se incluían en las comidas infantiles. Habían probado la comida rápida de cuando en cuando con otras familias, pero no la disfrutaban mucho. Cuando Lindy sugirió durante el viaje que fueran a uno de esos restaurantes de comida rápida porque no había nada más, los niños se negaron. Más tarde se desviaron en uno de los pueblos y compraron sándwiches y fruta. Lindy aún se ríe al recordar cómo intentó convencer a sus hijos de comer comida rápida.

87. No te molestes con lo que no les gusta comer

Muchas familias tienen a alguien que es quisquilloso al comer. Los niños muy pequeños suelen ser bastante especiales, lo cual es entendible pero, si los motivas, con el tiempo suelen volverse más aventureros. Nuestro trabajo como padres es no dejar de ofrecerles una dieta sana y variada. Los niños de tres años no saben lo que es bueno para ellos; debemos enseñárselos.

Muchos padres cometen el error de no volver a ofrecer ciertos tipos de comida que ya les han dejado en el plato en ocasiones anteriores. El desagrado que su hijo siente, digamos, por los pepinos, en la mente de los padres se vuelve un hecho permanente e invariable. Pero por lo general sólo se necesita exponer al niño a un alimento en distintos momentos. Un amigo mío tiene un hijo de siete años que no quería comer ensalada verde. Un día su mamá decidió que pondría la ensalada en su plato cada que el resto de la familia fuera a comerla. Obviamente el niño comenzó a comerse la ensalada y ahora le encanta.

La comida es un tema emocional; si lo dudas, piensa en el hecho de que nuestra obsesión con los libros de cocina va a la par con nuestra obsesión con los libros sobre dietas. Los padres pueden sentirse muy ansiosos cuando su hijo no se come lo que está en su plato y algunos terminan cumpliendo solicitudes de comidas cada vez más extrañas. Los niños son muy buenos para descubrir lo que pueden usar a su favor y muchos se dan cuenta de que pueden ganar algo de poder al ser quisquillosos con la comida. No los obligues a comer cosas desconocidas, pero hazles saber que no les prepararás una comida especial. Los niños comen cuando tienen hambre. Si se saltan una comida es muy probable que lo compensen más tarde o al día siguiente.

Un buen truco para asegurarse de que los niños estén comiendo lo que tú quieres es servir las partes saludables de la comida al principio cuando tengan mucha hambre. Si les vas a dar chuleta, puré de papa, zanahorias y ejotes, sirve primero las zanahorias y los ejotes y, para facilitarte más las cosas, dáselos crudos (aunque no a los niños menores de tres años).

Conforme crecen, muchos niños comienzan a expresar sus preferencias, algunas de las cuales tienen que ver con perder peso (ve también la página 156). Los adolescentes se vuelven vegetarianos y veganos; algunos quieren pocas calorías y otros no quieren nada de calorías. Si le ofreces una dieta balanceada a tu familia, tus hijos podrán organizarse con lo que tienen. Al igual que con los más pequeños, evita usar la comida como una forma de hacer que los adolescentes se sientan especiales por expresar sus preferencias alimentarias personales; es algo peligroso. Aunque, claro, si tu hijo sufre de alergias o intolerancias reales, tendrás que diagnosticarlo correctamente y asegurarte de que su dieta sea la adecuada.

88. Asegúrate de que tu hijo coma sanamente cuando no está en casa

Esto es difícil, porque la mayor parte del tiempo no estarás ahí para monitorear lo que tu hijo compra o lo que le ofrecen en tu ausencia. La clave es establecer buenos hábitos alimenticios en casa y confiar en que las decisiones de tu hijo estarán influenciadas por lo que le has enseñado.

Lo que un niño come en la escuela es muy importante. Muchas escuelas ahora tienen políticas de comida sana en sus cafeterías y algunas además promueven reglas de loncheras saludables. Enviarles comida sana cada día es una tarea complicada para los padres ocupados, pero hay algunos pasos sencillos que puedes seguir para reducir el estrés de tener que decidir qué poner y qué quitar:

- ✩ Haz sus sándwiches con pan integral o de granos.
- ✩ Ponles mucha fruta.
- ✩ Ponles vegetales crudos en trozos.
- ✩ Ponles ricos panes bajos en sal.
- ✩ Ponles los sobrantes de comida, como pasta, arroz y fideos.
- ✩ Evita lo más posible los alimentos procesados como yogures de sabor, barras de cereales, jugos y pan dulce.
- ✩ Incluye una botella de agua rellenable.

Es muy importante promover la idea, especialmente entre las chicas adolescentes, de que si alguien más no está comiendo bien no significa que ellas deberían hacerlo. Enséñales a tus hijos a elegir la opción más saludable a su alcance y a comer sólo hasta que estén satisfechos. Asegúrate de leer los capítulos de las páginas 156 y 157 sobre cómo ayudar a tu hijo a desarrollar una imagen corporal sana.

89. Crea una política familiar respecto al peso y las dietas

Salvo por los extremos en cada lado del espectro (demasiado sobrepeso o demasiado bajo de peso), es importante para los niños (y, de hecho, para todos) comprender que todos venimos en distintos tamaños y formas.

Es muy difícil ayudar a tu hijo a desarrollar una actitud mental positiva respecto al físico si tú (o tu pareja) están constantemente a dieta. Es natural querer estar tan saludable y en forma como sea posible, pero hablar constantemente sobre el peso, además de otras evidencias de dietas obsesivas, creará una atmósfera pesada respecto al tema de la comida y sus cantidades. Usar la báscula todo el tiempo, negarte comida y quejarte mucho sobre ganar peso son mensajes problemáticos para nuestros hijos, especialmente para los adolescentes. Si realmente necesitas perder peso, preséntaselo a la familia como un deseo de ponerte en forma y ser más saludable. Procura hablar con los niños de forma positiva sobre sus cuerpos y sobre ganar o perder peso, llevando la discusión por alguno de estos caminos:

- ✿ Ayuda a tu hijo a entender cuáles son los parámetros «normales» y «saludables» en cuanto al peso, especialmente durante la adolescencia.
- ✿ Ayúdalo a evaluar y analizar de manera crítica las imágenes y mensajes de los medios, incluyendo la «anormalidad» de varias supermodelos, estrellas de cine y atletas de alto rendimiento.
- ✿ Guíalo hacia una meta de salud, en vez de hacia una talla o peso.

90. Enséñale a tu hijo a aceptar su apariencia

¡La variedad es el condimento de la vida! Todos venimos en distintas formas y tamaños, y hay muchas cosas de nuestra apariencia que no podemos cambiar (sin enormes riesgos y altos costos).

Para explorar este tema, prueba con la siguiente actividad: ayuda a tu hijo a pensar en gente famosa como actores, deportistas y emprendedores, que puede tener un aspecto un tanto inusual pero que ha encontrado la felicidad, el éxito y la satisfacción. Habla con tu hijo sobre las personalidades y los éxitos de estos famosos pese a sus apariencias únicas.

Asegúrate de animarlo constantemente a enfocarse en lo que sí puede cambiar (y no en lo que no puede) y en sus fortalezas (y no en lo que percibe como sus debilidades).

La materia favorita de Melinda en la secundaria era Desarrollo Personal. La maestra le pidió a sus estudiantes que buscaran imágenes de celebridades y fotos de familiares y amigos para ponerlas lado a lado en un cartón. Luego, tuvieron que escribir las diferencias entre los dos grupos de personas. Melinda notó lo cálidas y amistosas que parecían las personas en las fotos personales y, en contraste, lo falsas y tensas que se veían algunas celebridades. Aunque los famosos estaban extremadamente bien arreglados y por lo general eran personas muy bellas, no te invitaban a su mundo ni tampoco parecían la clase de persona con la que quisieras pasar el tiempo. Ahora Melinda casi nunca siente ganas de imitar a los famosos en sus formas de vestir o conductas.

91. Reduce el tiempo que pasa frente a una pantalla

Últimamente ha habido muchos estudios respecto al tiempo que los niños pasan frente a una pantalla y la forma en que esto afecta su conducta. Uno de los descubrimientos más interesantes es la relación entre el tiempo excesivo que pasan con los aparatos electrónicos y el aumento de peso. Cuando los niños disminuyen la cantidad de televisión que ven, pierden peso. Esto no es porque necesariamente incrementen su actividad física, sino porque dejan de botanear constantemente, lo cual suele asociarse con ver la televisión.

Pero ésta no es la única razón por la que deberías animar a tu hijo a reducir su tiempo frente a las pantallas. Por cada minuto que lo hace, no está haciendo lo siguiente: relacionarse contigo, relacionarse con sus hermanos, leer, hacer tarea, tocar un instrumento, hacer arte, jugar al aire libre, jugar dentro de la casa, ayudar. Estas actividades en casa son tan importantes como las cosas que aprende en la escuela para aumentar sus conocimientos, desarrollar habilidades y conocer su lugar en el mundo.

En estos días hay diversas opciones para que los niños estén frente a una pantalla. Pueden ver televisión y DVD, estar en internet y usar juegos interactivos en consolas y teléfonos celulares. Para muchos niños, ver la televisión o estar en internet es la actividad de entretenimiento por excelencia, lo que siempre hacen cuando tienen tiempo libre.

Entonces, ¿cuánto tiempo frente a una pantalla es aceptable? Parece que los expertos están de acuerdo en que dos horas al día suele ser el tiempo correcto para los niños de más de cinco años, una hora para los niños de dos a cinco y nada para los menores de dos años. Para muchos padres, esto significará trabajar con sus hijos para alejarlos de su uso excesivo de los aparatos electrónicos. Para otros se tratará de ordenar las cosas para ayudar a los niños a no sentirse tan atraídos hacia las pantallas más adelante.

Aquí van algunas sugerencias que podrían ayudarte:

✩ Si tu hijo está usando aparatos electrónicos por más de dos horas al día, trabaja con él para disminuir gradualmente este tiempo aproximadamente 15 minutos al día hasta que alcancen las dos horas.

✩ Trabaja con los niños mayores para equilibrar su tiempo diario entre televisión, películas, internet y juegos.

✩ Reúnete con tu hijo al inicio de la semana y revisen juntos una teleguía; intenten elegir programas que sean tanto educativos como divertidos y que estén en canales sin comerciales.

✩ Considera tener días sin aparatos electrónicos dos o tres veces por semana.

✩ Evita comer en familia frente a la televisión (ve a la página 149).

✩ Piensa cuidadosamente en el número de pantallas que quieres que haya en tu casa; mientras más pantallas haya, más probable será que las usen.

✩ No pongas televisiones en los dormitorios.

Si tu adolescente quiere tener una computadora en su cuarto para estudiar, negocia su uso, dejando clara la distinción entre el tiempo de estudio y el tiempo de diversión. También es importante asegurarte de reforzar positivamente conductas alternativas al tiempo frente a las pantallas como leer, socializar con familia y amigos, hacer manualidades y otros proyectos de arte.

92. Fomenta el ejercicio formal

Con ejercicio formal me refiero a cualquier clase de movimiento que tú (y tu hijo) disfruten y con el que se sientan cómodos.

La página de Raising Children Foundation (raisingchildren. net.au) tiene algunos consejos muy útiles y prácticos sobre cómo animar a tu hijo a ejercitarse de forma sensible y segura. Éstos no difieren mucho de lo que nosotros, los adultos, deberíamos hacer; si intentamos motivar a nuestros hijos a mantener niveles saludables de actividad física, también tendremos que cuidar nuestra propia salud (un panorama en el que realmente todos ganan).

A muchos niños les encanta estar al aire libre y ser activos pero, si tu hijo necesita un poco más de motivación, sugiérele que pruebe con distintos deportes y actividades; si tu hijo disfruta una actividad y es bueno en ella, será más probable que persista.

Más o menos hasta los siete años, la mayoría de los niños disfruta actividades libres como usar los juegos de un parque o simplemente correr por ahí. Después de esto, muchos niños podrían estar listos para deportes más estructurados y juegos con reglas.

Además de los beneficios físicos, los niños que participan en deportes y juegos estructurados también aprenden habilidades clave para la vida como interactuar con los demás, las consecuencias de obedecer (o no obedecer) las reglas y cómo enfrentar los triunfos y las derrotas.

93. Fomenta el ejercicio informal y la actividad casual

A fin de cuentas, no importa realmente en qué actividades participe tu hijo siempre y cuando se esté moviendo por al menos un par de horas diarias.

El ejercicio no tiene que ser un deporte organizado; podría simplemente ser correr por ahí o jugar en el parque o ayudar con los deberes de la casa, como lavar el carro o barrer las hojas caídas.

Al igual que con el ejercicio informal, las actividades casuales pueden ser parte de tu día y el de tu hijo. Prueba con lo siguiente:

- ☆ Ve caminando a la escuela y a la tienda en vez de manejar.
- ☆ Sube por las escaleras en lugar de utilizar el elevador o las escaleras eléctricas.
- ☆ Ve a caminar (o lo que mis hijos suelen llamar «a una aventura»), en vez de ver la televisión o jugar en la computadora.

Si realmente quieres que tu hijo disfrute el ejercicio y las actividades físicas, hazlo divertido y dale mucha retroalimentación positiva. Estas dos sencillas estrategias aplican a casi todo en este libro... ¡y funcionan!

94. Elige actividades físicas que reflejen los intereses de tu hijo (y no los tuyos)

En ningún otro lugar es tan evidente el fenómeno de los padres que se involucran demasiado como en las canchas. Aunque muchos padres manejan las habilidades de sus hijos de forma realista, algunos insisten en revivir sus viejas glorias deportivas (o compensar sus fracasos) a través de ellos. Ve a una cancha de futbol o de tenis un domingo por la mañana y encontrarás al menos un par de padres presionando a su hijo para que alcance un nivel que puede ser imposible para su edad. Recuerdo que alguna vez escuché a un presentador de radio hablando sobre la experiencia de organizar el equipo de hockey de su hijo. Los otros padres estaban tan ansiosos sobre los logros de sus propios hijos que el presentador sugirió que formaran un equipo de padres para distraerse. Funcionó y permitió que los niños participaran libremente en sus propios juegos.

El mensaje aquí es éste: elige deportes o juegos que se adapten a tu hijo y que lo ayuden a desarrollar sus habilidades. Ten en cuenta sus intereses y capacidades. ¿Es competitivo? ¿Prefiere jugar en equipo o actividades en las que pueda concentrarse solo? ¿Tiene buena coordinación psicomotriz? ¿Es grande y fuerte o rápido y ligero? Al hacer esto te asegurarás de que tu hijo disfrute la actividad y se sienta inspirado a seguirla practicando en su adultez.

Isobel, de 12 años, tiene mucho talento físico por naturaleza. Aunque es pequeña para su edad, es fuerte, extremadamente flexible, rápida y muy intrépida. Sus padres la han animado a probar con distintos deportes, pero desde los ocho, la gimnasia ha sido su preferida, una actividad que ha permitido que sus fortalezas se luzcan. Pero cuando los maestros comenzaron a ponerla a competir y a hablar de «potencial olímpico», Isobel decidió dejarlo. A sus padres les preocupaba que Isobel estuviera desperdiciando su talento, pero luego decidieron relajarse y esperar a que surgiera un nuevo interés. En el último año, Isobel ha practicado surf y danza contemporánea; es buena en ambos. Le encanta la actividad física, pero ha descubierto que no le gustan mucho las reglas y normas. Al hacer gimnasia solía quejarse de este aspecto del deporte. Ahora, con el surf ella se pone sus propios retos y con la danza puede combinar el placer de la actividad física con sus fuertes instintos creativos.

95. Establece rutinas de sueño saludables

El sueño es vital para la salud y la felicidad de nuestros hijos durante su desarrollo, pues permite que sus cuerpos y mentes se recuperen, se reparen y se regeneren. Además, ayuda a que sus cerebros en constante crecimiento procesen la información del día y archiven lo que es relevante e importante.

El asunto del sueño es tan sólo uno más de los aspectos desconcertantes de la crianza. Cuando crees que ya lo entendiste, los patrones cambian. Los nuevos padres están convencidos de que sus bebés duermen menos que los de los demás y viven con la esperanza de que su pequeño duerma hasta pasadas las 5 a. m. por una vez. En contraste, con los adolescentes parecen invertir una excesiva cantidad de tiempo y energía intentando que se levanten a tiempo para ir a la escuela.

Pese a estas fluctuaciones específicas de la edad, hay algunos principios en cuanto a establecer buenas rutinas de sueño que, como padre, debes poder aplicar en cualquier momento durante la infancia, desde los tres años en adelante.

Para empezar, ¿cuánto necesitan dormir los niños? Esto varía mucho de acuerdo con cada individuo, al igual que con los adultos, pero como regla general intenta:

- ✩ De 10 a 13 horas de sueño para los niños de tres a cinco años.
- ✩ De 10 a 11 horas de sueño para los niños de seis a nueve años.
- ✩ De 9 a 10 horas de sueño para los niños de 10 años y mayores.

Lleva un registro de cuánto duerme tu hijo para asegurarte de que tus expectativas sean razonables. Podrías tener que hacer algunos ajustes dependiendo de tu hijo y tu estilo de vida. Un niño de ocho años al que acuestan a las 7:30 p.m. y que luego se despierta a las 5 a.m. podría necesitar dormirse más tarde. Cuando hayas determinado una cantidad apropiada de horas de sueño, prueba con las siguientes sugerencias para establecer una rutina:

- ☆ Establece una hora para ir a acostarse y una hora para apagar las luces. A muchos niños de ocho años en adelante les viene bien pasar media hora en silencio con un libro antes de apagar las luces.
- ☆ Establece rutinas antes de acostarse. Esto puede incluir preparar la ropa de la mañana siguiente y guardar su tarea y sus juguetes. Sin duda incluirá lavarse los dientes e ir al baño.
- ☆ Los niños más pequeños hasta los 10 años disfrutarán que les leas antes de dormir. Esto les permite relajarse y ofrece un tiempo para la relación padre e hijo al final del día.
- ☆ Sé claro y firme a la hora de dar las buenas noches. Deja que tu hijo sepa que, cuando se han dado las buenas noches y las luces se apagan, esperas que se quede en la cama.
- ☆ Intenta motivar a tu hijo para que se despierte aproximadamente a la misma hora todos los días, incluso en fines de semana.

Hay algunos errores comunes que cometen los padres y que impiden que los niños tengan un sueño profundo y reparador. Trabaja con tu hijo para evitar lo siguiente:

- ☆ Comida y bebidas dulces antes de acostarse (en especial refrescos con cafeína y bebidas isotónicas).
- ☆ Cenar tarde (intenta comer al menos dos horas antes de la hora de acostarse de tu hijo).
- ☆ Programas de televisión o juegos de computadora sobreestimulantes.
- ☆ Dormirse frente a la televisión.
- ☆ Hacer tarea justo antes de acostarse (anima a tu hijo a terminar la tarea al menos hora y media antes de acostarse y definitivamente nada de hacer la tarea en la cama).

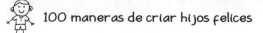

Haz que dormir sea una prioridad para tus hijos ¡y mira cómo mejoran las cosas! Si no le das prioridad al sueño, siempre encontrarán cosas «más importantes» que hacer. Las buenas prácticas de sueño, establecidas anteriormente, serán beneficiosas en toda su infancia y especialmente durante la adolescencia, cuando las demandas de tiempo (las razones para no dormir) de tu hijo aumentarán dramáticamente.

96. Enséñale a tu hijo cómo relajarse

Algunos padres creen que es raro hablar sobre niños y relajación. Los niños no tienen el peso del mundo sobre sus hombros como los adultos. No tienen que trabajar, ganar dinero, soportar las políticas de la oficina ni ver cómo pagar sus deudas. Pueden jugar, divertirse y, cuando la escuela se pone muy pesada, siempre hay unas vacaciones escolares esperándolos a la vuelta de la esquina.

Por esto, los padres suelen dejar de lado las preocupaciones de sus hijos, pues las ven como algo menor. A un niño que se angustia por su tarea podrían decirle: «No te preocupes, es fácil». O un niño enojado con un amigo podría escuchar a su padre diciéndole: «Es una tontería preocuparse por lo que piense alguien más».

La realidad es que los niños sí se preocupan y eso los ayuda a desarrollar mecanismos de defensa que les servirán ahora y en el futuro.

La ansiedad tiene causas psicológicas, pero sus manifestaciones son físicas. Los médicos y psicólogos han llegado a reconocer que pueden ayudar a los pacientes a calmar sus mentes calmando el cuerpo. Esta calma física le da a las personas el espacio que necesitan para dar un paso atrás del problema y evaluarlo mejor, en vez de simplemente reaccionar al pánico que está provocando que sus corazones se aceleren y que su respiración se entrecorte. Esta técnica funciona para los niños exactamente de la misma manera que para los adultos.

Hay muchas formas de relajación, ninguna de las cuales es necesariamente mejor o peor. Un método que puedes probar con tu hijo es a lo que normalmente llaman «relajación con visualizaciones». Es bastante efectivo para crear sensaciones de paz y tranquilidad. Puede practicarse en cualquier lugar, pero típicamente es más fácil hacerlo en un lugar tranquilo y pacífico. Es una forma de relajación que les encanta a muchos niños porque permite el uso de la imaginación y la creatividad.

Comienza siguiendo estas instrucciones, aunque puedes experimentar e incluir tus propias ideas:

✿ Ayuda a tu hijo a ponerse cómodo y pídele que se concentre en respirar lentamente (podría ayudarle si le indicas que se acueste y cierre los ojos).

✿ Pídele que se imagine en un lugar hermoso donde todo es ideal. Podrían estar en un hotel maravilloso, en el jardín del abuelo o en la cocina de la abuela haciendo galletas. Podrían estar caminando por un bello bosque o en su playa favorita. O quizá simplemente podrían estar frente a la chimenea en casa durante una tarde lluviosa de domingo.

✿ Habla sobre lo relajante y pacífico que es todo. No le describas la escena a tu hijo, pero pídele que piense en detalles particulares: dile que se imagine el color del agua, el aroma de las galletas, cómo se siente la arena, cómo crujen las hojas bajo sus pies.

✿ Incentívalo a involucrar todos sus sentidos y hazle saber que puede volver a ese lugar especial cada que lo necesite.

La meditación puede ayudar a tu hijo a vivir en el momento. La meditación, pese a las muchas confusiones que existen, no es una habilidad que ayuda a las personas a «desconectarse»; en realidad, quienes meditan se sienten más «conectados». No se trata de dormir, descansar o «alejarse», sino de estar plenamente consciente y siendo parte de la vida.

A los niños, especialmente a los mayores, se les puede enseñar una forma de meditación sencilla y rápida que los ayudará en todos los aspectos de sus vidas, ya sea para los exámenes, para enfrentar problemas sociales complicados o para superar las frustraciones que vienen con el aprendizaje de nuevas habilidades en áreas como el deporte y la música.

Prueba con lo siguiente para poder enseñárselo después a tu hijo:

✿ Encuentra una posición cómoda sentado, ya sea con las piernas cruzadas en el piso o en una silla.

- ☆ Cierra los ojos.
- ☆ Comienza a concentrarte en tu respiración. Piensa «adentro» al inhalar y «afuera» al exhalar.
- ☆ Repite esto una y otra vez, enfocándote en estas dos sencillas palabras.
- ☆ Si te distraes, suavemente trae tu mente de regreso a tu respiración y sigue repitiendo «adentro» y «afuera».

Anima a tu hijo a practicar la meditación unas cuantas veces al día, aunque sólo sea por unos minutos. Poco a poco la dominará y sabrá cómo aplicarla instantáneamente en situaciones difíciles o estresantes.

97. Designa un tiempo para no hacer nada

Obviamente necesitamos estar «al cien» durante ciertas actividades, pero ¿cuántos de nosotros le damos a nuestros hijos la oportunidad de desconectarse y descansar?

Una queja que escucharás con frecuencia en estos días por parte de los abuelos y los maestros mayores es que los padres no dejan que sus hijos se aburran. Lo que la generación de los mayores sabe, aquella que creció sin todos los elementos tecnológicos que definen nuestros tiempos, es que el arte de no hacer nada muchas veces puede llevar a momentos maravillosamente creativos. Los niños que se quedan en casa durante un día lluvioso y no tienen permitido ver televisión harán cosas como casas con bloques, montar obras de teatro, inventarse amigos imaginarios, escribir historias, construir casas con cartas y reacomodar las fotos familiares o las latas de comida de las partes bajas de la alacena. Es importante desarrollar el arte de no hacer nada. Enfrentarse al tiempo vacío e incluso al aburrimiento puede ayudar en el desarrollo de la creatividad, la innovación, la imaginación, la reflexión, la introspección y la interacción con los demás.

La otra razón por la que es importante promover el tiempo libre en los días ocupados es que ofrece la oportunidad de darse un descanso físico y mental, especialmente después de los tres años, cuando muchos niños dejan de tomar siesta a mediodía.

En un fascinante proyecto del libro *El poder del pleno compromiso*, de Jim Loehr y Tony Schwartz, los investigadores estudiaron el top 10 de jugadores de tenis para ver qué los separaba de los que estaban en escaños más bajos. Tras medir distintas variables físicas, fisiológicas y psicológicas, descubrieron que los mejores jugadores eran significativamente distintos a los otros en un área importante: el pulso en reposo cuando no tenían que jugar era mucho más bajo en los diez principales jugadores en comparación con el resto.

¿Qué significa esto? Los mejores jugadores eran mucho mejores, más eficientes al descansar y conservar valiosa energía y recursos cuando no necesitaban estar alerta; en otras palabras, eran mejores para desconectarse cuando no necesitaban estar conectados.

Creo que es importante que nuestros niños aprendan esta habilidad en toda clase de situaciones. ¿Cuánta energía gastamos cuando estamos al cien todo el tiempo? ¿Cuánta energía podríamos ahorrar si aprendiéramos a descansar más frecuente y eficientemente?

Con esto en mente, animo a los padres a enseñar e incentivar el «descanso activo» en sus hijos, a planificar y utilizar los beneficios de los descansos breves y frecuentes. Ayuda a tu hijo a ir paso a paso por los días, las semanas e incluso los años, en vez de soltarse «como cabra loca», lo cual suele generar una especie de colapso (ya sabes a qué me refiero, ese malhumor de fin de periodo escolar cuando todo puede y va a provocar lágrimas y berrinches).

Alex, de nueve años, es un ávido jugador de futbol. Solía levantarse con el alba cada sábado con la intención de prepararse para el día de juego. Practicaba en el patio trasero; hablaba a mil por hora sobre su equipo, el equipo rival y el plan de juego, y jugaba futbol en la computadora. Al llegar a la cancha, se reunía con sus compañeros de equipo, esperando que comenzara el juego. En la primera mitad era excelente en general, pero para la segunda siempre estaba exhausto. Perdía concentración y atención; normalmente terminaba lastimándose y teniendo que dejar la cancha. Tras hablar con el entrenador, sus padres decidieron instituir un nuevo régimen. Alex ahora pasa un tiempo leyendo de al menos media hora en las mañanas del sábado. Su papá pasa otra media hora practicando tiros con él en el patio y luego no hace más hasta que llega a la cancha. Antes del juego, el entrenador reúne a todos los chicos para hacer estiramientos de forma consciente y enfocada. Alex no sólo está jugando mejor, sino que ha aprendido una importante lección sobre cómo tranquilizarse puede ser aplicado en otros aspectos de su vida.

98. Anima a tu hijo a desarrollar estrategias para solucionar sus problemas

No podemos evitar que nuestros hijos experimenten el dolor ni podemos eliminar los problemas de sus vidas. Enfrentar y manejar las adversidades de la vida es lo que nos ayuda a crecer como seres humanos. Los problemas son las lecciones que debemos aprender para convertirnos en adultos funcionales. Una de las mejores cosas que puedes hacer como padre es enseñarle a tu hijo cómo actuar de manera activa para reducir las preocupaciones y resolver los problemas en vez de ignorarlos.

La próxima vez que tu hijo te cuente un problema, prueba con esto:

- ✫ Ayúdalo a definir el problema. ¿Qué pasa? Anímalo a responder la pregunta tan específica y claramente como sea posible. Ayúdalo a desarmar un problema grande para convertirlo en varios más pequeños.
- ✫ Haz una lluvia de ideas sobre posibles soluciones al problema. Generen tantas como puedan, sin evaluarlas; en vez de eso, anima a tu hijo a que eche a volar su imaginación.
- ✫ Hablen sobre la lista de posibles soluciones. Analiza las ventajas y desventajas de cada solución presentada. Dale una calificación positiva a las buenas y una negativa a las que no lo son tanto.
- ✫ Ayuda a tu hijo a elegir la solución que le parezca mejor para él y para la situación, pero no temas recordarle todas las posibles ventajas y desventajas; haz hincapié en las consecuencias a largo plazo en vez de solamente en las inmediatas.
- ✫ Ayúdalo a generar un plan de acción. Pregúntale a tu hijo qué piensa que debe hacer para que este plan funcione. Pídele que sea tan específico como pueda.

✩ Anima a tu hijo a poner su plan en acción. Dile que, si no hace nada, no logrará nada. Al menos si lo intenta tendrá la posibilidad de lograr algo.

✩ Evalúen juntos el resultado. ¿Funcionó? Si no, ¿pueden modificar el plan?

99. Identifica problemas de salud mental graves (y reconoce cuándo buscar ayuda)

Este libro se trata sobre fomentar la felicidad y la resiliencia en los niños, y estoy seguro de que te ayudará a enfrentar la mayoría de los problemas que comúnmente se les presentan a los padres. Pero la triste realidad es que algunos niños experimentarán problemas psicológicos más allá de los «normales». Por ejemplo, un grupo pequeño pero significativo tendrá los desórdenes psicológicos más comunes, como depresión y ansiedad. Otros podrían desarrollar conflictos importantes con su peso o sufrir de problemas de aprendizaje.

¿Cómo sabrás cuando lo normal se vuelva anormal? La mayoría de los padres sabe cuando algo no anda bien, pero, en pocas palabras, mantente atento si:

- ✩ Un problema dura más de lo que esperabas.
- ✩ Es algo que está reflejándose significativamente en el funcionamiento diario de tu hijo (en su estado de ánimo, sueño, apetito, niveles de energía, asistencia a la escuela o actividades sociales, en sus relaciones interpersonales o su desempeño académico).
- ✩ Si otras personas cercanas a tu hijo están preocupadas.

En la mayoría de los casos, recomiendo primero probar con lo que puedas hacer tú mismo. Esto puede incluir bajar el ritmo de la vida familiar un poco, irse de vacaciones, pasar más tiempo con tu hijo. También puede implicar que hables con los demás miembros de la familia y amigos sobre los temas que podrían estar afectando a tu hijo. Si el problema persiste o si sientes que no tienes la capacidad o los recursos para manejar lo que está pasando, probablemente será mejor buscar ayuda profesional lo más pronto posible. Un buen punto de partida es la escuela de tu hijo y el servicio de terapia escolar. El siguiente paso es tu doctor de cabecera, quien te aconsejará y, si es necesario, te recomendará a otros profesionales de la salud. Hay una lista de recursos recomendados en la página 177 que podría serte útil.

Claro que habrá momentos en los que sientas que te estás alejando de tu hijo. Intenta no precipitarte. Anímalo a abrirse, pero evita presionarlo mucho o esperar demasiados resultados muy pronto. Hazle saber que cuenta contigo cuando esté listo (¡y asegúrate de que realmente cuente contigo!).

100. Ama a tu hijo como es

Todos los niños deberían ser amados por ser quienes y como son, en vez de por lo que quisiéramos que fueran. Amarlos no significa querer cambiar su personalidad, carácter o sus fortalezas básicas, sino trabajar con esas fortalezas para ayudarlos a desarrollarlas.

Tu amor y tu apoyo son vitales para el desarrollo de tu hijo. Su personalidad y sus fortalezas serán distintas a las tuyas, te sorprenderán, te molestarán y te enorgullecerán; son esas diferencias las que darán pie a algunos de los mejores (¡y peores!) momentos de tu vida. Los niños nos enseñan aceptación, paciencia, comprensión... y la lista sigue y sigue. El vínculo que tendrás con tu hijo será uno de los más cercanos de tu vida, así que valóralo con todo y sus defectos.

Juntos intenten:

✿ Ser tolerantes
✿ Cultivar sus relaciones
✿ Dar y perdonar
✿ Hacerle frente a la adversidad
✿ Evitar hacer suposiciones
✿ Respetar las diferencias
✿ Usar la compasión y el humor
✿ Escuchar
✿ Celebrar la vida

Recursos recomendados

Libros

Alexander, Stephanie, *Kitchen garden cooking for kids*, Lantern, Melbourne, 2003.

Covey, Stephen R., *7 habits of highly effective people: resorting the character ethic* (*Los 7 hábitos de la gente altamente efectiva*), Simon & Schuster, Nueva York, 1989.

CSIRO, *The CSIRO wellbeing plan for kids*, Penguin Books, Melbourne, 2009.

Kirk, David, *Little Miss Spider at Sunny Patch School*, Scholastic Press, Nueva York, 2000.

Loehr, Jim y Tony Schwartz, *The power of full engagement* (*El poder del pleno compromiso*), Allen & Unwin, Sídney, 2003.

Parry Heide, Florence y Sylvia Van Clief, *That's what friends are for*, Candlewick Press, Nueva York, 2003.

Reynolds, Peter H., *Ish*, Candlewick Press, Nueva York, 2004.

Seligman, Martin, *The optimistic child* (*Niños optimistas*), Random House, Sídney, 1995.

Sendack, Maurice, *Where the wild things are* (*Donde viven los monstruos*), Harper & Row, Nueva York, 1963.

Sharp, Timothy, *100 ways to happiness: a guide for busy people*, Penguin Books, Melbourne, 2008.

Sharp, Timothy, *The good sleep guide: 10 steps to better sleep and how to break the worry cycle*, Penguin Books, Melbourne, 2001 (disponible como libro electrónico en thehappinessinstitute.com).

Películas

Benigni, Roberto, *La vida es bella* (*La vita é bella*), Miramax Films, 1997.

Anderson, Stephen J., *La familia del futuro* (*Meet the Robinson*), Buena Vista Entertainment, 2007.

Páginas web:

authentichappiness.sas.upenn.edu
beyondblue.org.au
makinchanges.com.au
moodmanager.com.au
raisingchildren.net.au
thehappinessinstitute.com
www.psychology.org.au/ReferralService/About

Agradecimientos

Primero que nada, quiero agradecerle a mi familia. Tali y Coby, ¡espero que todas las horas que se necesitaron para escribir este libro no hayan minimizado mis esfuerzos por hacer de ustedes niños felices!

En segundo lugar, este libro también le debe un agradecimiento a mis padres. Pese a haber vivido muchos de los retos y tropiezos que tantos padres enfrentan, mi madre y mi padre jamás nos dejaron ni una sola duda a mí y a mis hermanos de que nos amaban y nos consideraban especiales. Siempre supimos que estarían ahí para apoyarnos cuando lo necesitáramos.

En tercer lugar, agradezco al equipo de Penguin, especialmente a Ingrid Ohlsson y Julie Gibbs, por tener fe en este libro, y a Bethan Waterhouse, Angela Wade, Claire de Medici, Brooke Clarke y Catherine Page, por ayudarme de una manera tan profesional a darle forma a esta obra hasta convertirla en lo que ahora tienes en tus manos. Muchas gracias a Danie Pout y Evi Oetomo, por su maravilloso diseño.

Y, finalmente, un enorme agradecimiento a todos los miembros del Instituto de la Felicidad. Con su participación en nuestros seminarios, cursos y entrenamientos, a través de sus emails y sugerencias; como resultado de sus contribuciones a mi blog, muchos han ayudado, directa o indirectamente, de forma consciente y sin saberlo, al desarrollo de mis ideas y a la creación de este libro; por eso, de nuevo, les agradezco.

Índice analítico